KB206465

그리스도 원리와 신지학적 재현
요한복음 강의

그리스도 원리와 신지학적 재현

요한복음 강의

1판 1쇄 인쇄일_ 2016년 5월 21일 | 지은이_ 루돌프 슈타이너 | 옮긴이_ 양억관, 타카하시 이와오 | 펴낸이_ 류희남 | 편집장_ 이점석 | 표지 본문 디자인_ 김은정 | 펴낸곳_ 물병자리 | 출판등록일 (번호)_ 1997년 4월 14일(제2-2160호) | 주소_ 110-070 서울시 종로구 새문안로5가길 11, 801호(내수 동, 옥빌딩) | 대표전화_ (02) 735-8160 | 팩스_ (02) 735-8161 | 이메일_ aquari@aquariuspub.com | 트위터_@AquariusPub | 홈페이지_ www.aquariuspub.com | ISBN_978-89-94803-36-4 93230

이 도서의 국립중앙도서관 출판사도서목록(CIP)은 서지정보 유통지원시스템 홈페이지(http://seoji.nl.go.kr)와 국가자료 공동목록시스템(http://www.nl.go.kr/kolisnet)에서 이용하실 수 있습니다.(CIP제어번호: CIP 2016011031)

그리스도 원리와 신지학적 재현

요한복음 강의

루돌프 슈타이너

양억관 | 타카하시 이와오 옮김

DAS JOHANES-EVANGELIUM

〰 물병자리

차례

에테르체(ether)

에테르는 그리스어로서 '빛남'을 의미한다. 광휘체 또는 생명체라고
도 한다. 생물의 유기적인 활동을 촉진하는 비가시적인 신체부분. 동
양의 '기'(氣)에 해당하는 신비학적 용어로, 이미 파라켈수스(Philippus
Aureolus Paracelsus, 1493~1541)가 이 말을 사용했다. 파라켈수스는 르네
상스 시대 스위스의 의사, 화학가, 고대의학, 연금술에 통달하였고,
의·화학의 시조로 일컬어진다. 그는 전우주를 하나의 살아 있는 생
명체로 보았다. 슈타이너는 생물의 식물단계, 동물단계, 인간단계에
따라 에테르체의 존재방식이 변화하고 있고, 인간의 경우에는 무의
식적인 충동뿐만 아니라 기억능력도 에테르체의 활동에 의한 것으
로 보았다. 요가에서 말하는 6개(또는 7개)의 '차크라'(연꽃 또는 바퀴)는
에테르체에 의한 일종의 영적 감각기관이라고 한다.

아스트랄체(astral)

'별'을 의미하는 아스터의 형용사형. 성기체(星氣體)라고도 한다. 신
비학의 용어이다. 에피쿠로스는 인간의 내면생활을 신적인 영(靈)의
작용과 아스트랄적인 혼(魂)의 작용으로 나누고, 후자가 육체에 의존
하고 있다는 점에서 물질에서 유래하는 것으로 생각하였다. 슈타이
너는 인간의 본성을 육체, 에테르체, 아스트랄체, 자아의 넷으로 나
누어 기술하고 있다. 아스트랄체는 자아처럼 이상을 추구하고 목적

을 지향할 뿐만 아니라, 의식의 근저에서 공감과 반감의 작용을 주재
하면서, 넓은 의미에서의 감정(기쁨, 슬픔, 기대, 동경, 질투심)을 일으킨다.

토성기(土星紀), 태양기(太陽紀), 월기(月紀)
블라바츠키 여사(신지학의 창시자, 1831~1891)의 용어. 슈타이너는 '아카
샤 연대기'에서 처음으로 그 의미를 구체적으로 설명하였다. 지구는
지금까지 네 번의 메터모퍼시스(변용)를 이루었고, 최초의 토성기(土
星紀)에서는 오로지 열을 소재로 하였으며, 제2의 태양기(太陽紀)에서
는 광휘체, 공기체(기체)가 생성되어 식물적인 생명활동을 시작하였
고, 제3의 월기(月紀)에 이르러 물(액체) 속에서 동물이 생성되었고, 제
4의 지구기(地球紀)에 이르러 대지가 형성되고 광물, 식물, 동물 외에
자기 의식적인 자아를 가진 인간이 살아가는 별이 되었다고 한다.

지구기(地球紀)
슈타이너에 의하면 수십억 년의 역사를 가진 지구기는 1. 포랄기, 2.
휴페르보레이오스기, 3. 레무리아기, 4. 아틀란티스기, 5. 후(後)아틀
란티스기 등으로 진화해 왔다. 그리고 현재는 제1 후아틀란티스기
중의 제1기〔고(古)인도 문화기〕, 제2기〔고(古)페르시아 문화기〕, 제3
기(이집트-칼데아 문화기), 제4기(그리스-로마 문화기)를 지나, 제5 후아틀
란티스기(15세기부터 약 2100년)를 맞이하고 있다고 말하고 있다.

로고스의 가르침 (1908년 5월 18일)

이 강의의 목표

나는 이 강의에서 두 가지 목표를 이루려 한다. 하나는 신지학의 개념을 심화시키면서 거기에 몇 가지 방향성을 주고, 또한 그 개념을 통하여 위대한 성전 '요한복음서'에 더 가까이 다가가게 하는 것이다.

요한복음서를 자세히 해석해 나가면서 존재의 깊은 비밀에 다가가고 싶다. 신지학이 세계의 여러 종교가 전하는 위대한 성전을 다루는 것이 그 성전에서 필요한 진리를 퍼올리고 그 권위를 빌려 포교에 활용하려는 것이 아닌가 하고 생각할지도 모르겠다. 그러나 그것은 신지학의 과제가 아니다. 신지학은 그와는 완전히 다른 방식으로 세계를 탐구한다. 신지학이 근대인의 정신적 과제에 부응하려면, 무엇보다 먼저 어떤 사람이라도 스스로 내적능력을 계발하면 영적세계를 지각할 수 있다는 것을 밝혀야 한다. 누구든 스스로의 내적능력으로 감성계의 배후에 숨겨진 존재의 비밀에 다가 갈 수 있다. 인식의 능력으로 '우주의 창조적 작용'에 다가 갈 수 있는 것이다.

그러므로 누구라도 전통이나 문헌의 도움을 빌리지 않고도 요한복음서의 내용에 담긴 비밀을 스스로 펼쳐낼 수 있다. 이것을 좀 더 명확히 하기 위해 하나의 예를 들어 보자. 어떤 계기로 이 세상에서 모든 종교경전이 없어져 버렸다고 하자. 그런 경우에도 우리는 내적능력만으로 존재의 비밀을 인식하고, 물질계의 배후에 감추어진 신적이며 영적인 창조력을 만날 수 있다.

신지학은 모든 문헌에서 자유로우며, 이러한 인식의 원천에 기초하여 사고하고 탐구하는 것이다. 이렇게 자유로운 태도로 연구하고 어떤 기록에도 의지하지 않은 채 신적이며 영적인 우주의 비밀을 탐구한 다음에 종교경전을 바라보면, 새삼 그 성전의 진정한 가치를 알 수 있다. 그때 비로소 우리는 문헌에서 자유로워지고 홀로 설 수 있으며, 스스로 얻은 인식을 문헌 속에서 발견해 낼 수 있는 것이다. 종교성전에 대해 이러한 태도를 가진다고 해서 그 성전이 가치를 잃거나, 그 성전에 대한 경외심이 없어지는 것은 아니다. 또 하나 다른 예를 들어 보자.

고대 그리스의 유클리드는 지금 우리가 학교에서 배우는 기하학을 최초로 가르친 사람이다. 그렇다면 기하학 학습이 유클리드의 '기하학 원론' 13권에 전적으로 의존하고 있을까? 예전에 유클리드가 처음으로 기하학에 대해 말한 그 책을 전혀 모르는 아이들이 같은 기하학을 배운다. 우리가 유클리드의 책에서 자유로운 상태에서도 기하학을 배울 수 있는 것은 기하학이 인간정신의 능력에서 나왔기 때문이다. 그리고 우리가 자신의 정신능력으로 기하학을 배운 다음에 유클리드의 위대한 기하학 책을 읽으면 당연히 그 책을 올바르게 평가할 수 있을 것이다. 왜냐하면 그때 비로소 자신이 무엇을 배웠는가를 알게 되고, 그 인식내용이 처음 세상에 나타났을 때의 표현형식을 평가할 수 있기 때문이다. 그와 마찬가지로 오늘날의 인간은 요한복음서가 표현한 위대한 우주적 사실들을 아직 드러나지 않은 인간의 내적능력을 통하여 찾아낼 수 있다. 마치 학생이 유클리드가 쓴 기하학 책을 모르면서 기하학을 배울 수 있듯이 요한복음서에 대해 아무것도 모르면서도 그리 할 수 있는 것이다.

고차적 세계를 인식한 사람은 요한복음서를 읽을 때 인류의 정신사 가운데서 그때 무엇이 제시되었는가를 생각하게 된다. 거기에는 영계의 가장 깊은 비밀들이 감추어져 있다. 한 권의 책을 통해 그 비밀이 그때 인류에게 제시된 것이다. 신령계의 일들을 미리 배워두면 요한복음서의 신적 - 영적 성격을 올바르게 이해할 수 있다.

영적으로 기술된 문장을 대하는 자세

요한복음서와 같은 성전에 내포된 모든 것을 언어를 통해 잘 이해하는 사람이, 다시 말해 문헌학자 또는 그와 별 다를 바 없는 신학자가 그런 영적 문헌을 바라보는 것과 신지학자가 바라보는 것과는 어디가 어떻게 다를까? 다시 한 번 유클리드의 '기하학원론'의 예로 돌아가서 생각해 보자. 어느 쪽이 더 올바른 이해자일까? 단어들이나 문장을 정확히 번역해 낼 수는 있지만 기하학을 잘 모르는 사람이 있다고 하자. 그가 유클리드 기하학을 번역한다면 설령 그 사람이 고대 그리스어를 아무리 잘 한다 하더라도 잘못된 해석을 하고 말 것이다. 설령 번역자가 문헌학적으로는 미숙하다 하더라도 기하학에 정통한 사람이라면 유클리드의 책을 보다 잘 평가할 수 있을 것이다. 신지학의 대표자가 요한복음서를 바라볼 때와 다른 연구자들의 경우가 다른 점도 그와 같다. 오늘날 요한복음서는 기하학을 모르는 문헌학자들이 유클리드 기하학 책을 해석하는 것과 같은 방식으로 이해되고 있다. 그러나 신지학자는 요한복음서에 기록된 것과 같은 영계의 사실들을 스스로의 내면에서 찾아 낼 수 있다. 그러므로 신지학자는 요한복음서에 대해 마치 현대의 기하학자가 유클리드의 '기하학원론'을 대하는 것과 똑같은 입장에 놓여 있다. 그가 이미 요한복음서에 표현된 내용을 갖추고 있기 때문이다.

그런 태도는 바깥에서 여러 가지 해석을 성전 속에 끌어들이는 결과를 불러올 수도 있다는 비난에 대해 굳이 대응할 필요를 느끼지 않게 할 것이다. 복음서 내용을 잘 이해한다면 거기에 다른 뭔가를 끌어들일 필요가 없을 터이므로 그런 비난에 일일이 대응할 필요를 느끼지 않는다. 어떤 문헌 속에서 진실된 내용을 발견했을 때, 그것 때문에 그 문헌의 가치나 평가가 깎일 이유가 없는 것이다. 요한복음서가 특히 그렇다. 실제로 우주의 비밀을 아는 사람에게 그 글은 인류사에서 가장 크고 깊은 의미를 가진 문헌의 하나가 된다.

요한복음서의 특이성

요한복음서는 시대의 흐름과 더불어 영학에서 아주 큰 의미를 가진 문헌임에도 불구하고 특히 신학 연구자에 의해 다른 세 복음서에 비해 무시되어 왔다. 왜일까. 요한복음서에 들어가기에 앞서 우선 이 문제를 생각해 보기로 하자.

잘 아는 바처럼 요한복음서에 대한 묘한 사고들이 횡행하고 있다. 예전부터 이 복음서는 예수 그리스도의 생애에 대한 가장 의미 있고 중요한 문헌 가운데 하나이며, 팔레스티나에서 일어난 사건들을 역사적으로 기술한 가장 중요한 문헌으로 평가받았다. 그러나 근대에 들어 확실한 기초 위에서 역사를 연구하는 학자들에 의해 그런 확신의 토대가 무너지고 말았다. 요 몇 세기에 걸쳐 복음서들 사이에 다양한 모순이 있다는 지적이 있었다. 신학자들은 연구를 통해 네 가지 복음서에는 서로 많은 모순이 있으며, 어떻게 팔레스티나에서 일어난 일들이 네 가지의 다른 관점으로 묘사되었는지, 그 명확한 이유를 찾을 수 없다는 결론에 이르렀다. 실제로 마태복음, 마가복음, 누가복음, 요한복음의 기술을 그대로 받아들이면, 같은 사건에 대한 다른 표현을 만나게 되고, 그 모든 것을 역사적 사실로서 조화적으로 정리할 수 없다는 것을 알 수 있다. 그리고 그것이 점차 성서연구자의 상식이 되었다.

나아가 세 복음서는 팔레스티나의 사건들을 어느 정도 같은 관점에서 서술하는데 요한복음서만이 아주 다른 관점을 내보인다. 그러므로 역사적인 기술로서는 처음의 세 복음서가 타당하다고 생각하기에 이르렀다. 세 복음서의 작자들은 일어난 일을 그대로 이야기하려는 데 반해 요한복음서의 작자만이 전혀 다른 의도를 가졌던 것이라고 생각하였다. 그리고 여러 가지 이유를 들어 요한 복음서가 꽤 시간이 흐른 다음에 기록된 것이라고 생각하기에 이르렀다.

이 문제에 대해서는 나중에 다룰 생각인데, 많은 성서연구자들은 요한복음서가 2세기 30년대 아니면 40년대에 적힌 것이라고 믿는다. 빨라도 2세기 20년대를 넘지는 않을 것이라고 한다. 다시 말해 그리스도교가 특정한 형태를 띠고 각지로 퍼져나가는 가운데 아마도 적대세력도 나타나던 시기에 제작되었으리라는 것이다. 그렇게 생각하는 사람들은 요한복음서에 그리스도교를 반대하는 다양한 움직임에 대해 그리스도교를 변호하려는 의도가 있는 것으로 해석하는 것이다. 복음서의 작자가 역사적인 사실을 충실하게 말한 것이 아니라 그런 사실에 대한 자신의 태도를 나타내려 했다고 보는 관점이다.

많은 사람들은 요한복음서를 일종의 종교시 같은 것으로 보았다. 작자는 자신이 믿는 그리스도에 대한 종교적이면서 서정적인 기분으로 펜을 들었고, 다른 사람들에게도 그가 느낀 똑같은 감동을 불러일으키고자 했다는 것이다. 이런 견해는 그리 극단적인 언어로 표현되지는 않았지만, 문헌을 연구하면 알 수 있듯 이런 주장은 널리 퍼져 있고, 또한 현대인의 혼에 잘 들어맞아 설득력도 있다. 아마도 현대인의 사고방식에 잘 맞아서일 것이다.

몇 세기 동안 우리의 사고는 점점 유물론적으로 변해 요한복음서의 모두에 표현된 말처럼 우주생성론에 대해 일종의 거부반응

을 일으킨다. 생각해 보자. 이 복음서는 첫머리에서 이 지상에 나
타난 팔레스티나의 예수에게 최고의 영적 존재가 깃들었음을 말
하였다. 요한복음서의 작자는 온전한 그의 방식으로 예수에 대한
이야기를 '말' 또는 '로고스'에서 시작한다.

> "한 처음에 말이 있었다. …… 모든 것은 그 말에 따라 생
> 겨났다"(1장 1-3)

이 뜻 그대로 받아들인다면 다음과 같이 말하지 않을 수 없다.
요한복음서의 작자는 우주의 처음을 말(로고스)이라 하였고, 모든
것은 만물의 근원인 말에 따라 만들어졌으며, 또한 그 말이 육체
가 되어 우리와 함께 살았다고 말하려는 것이다.(1장 14)

다시 말해 이런 뜻이다. 로고스는 예수가 되어 우리 곁에 살았
다. 그러므로 예수를 알고 싶으면 우리 주위의 만물, 식물이나 동
물이나 인간을 만들어 낸 것과 같은 원리가 그 속에 깃들었다는
사실을 받아들여야 한다.

억지스런 태도를 버리고 솔직하게 이 요한복음서의 말을 받아
들인다면, 최고의 창조원리가 한 번은 인간의 몸에 들어온 셈이
다. 우리의 마음을 강렬하게 울리는 이런 사고를 오늘날의 많은
신학자들이 하는 말과 비교해 보라. 현대의 신학서나 설교들은 이
렇게 말한다. 우리는 이미 초감각적 원리 따위에 의지하지 않는
다. 최초의 3복음서가 말하는 예수가 본래의 예수 모습이다. 거기
에는 다른 사람들과 비슷한 '나사렛 출신의 소박한 남자'가 있을

따름이다.

계몽신학이 말하는 '나사렛의 소박한 남자'

대부분의 신학자들에게는 이 소박한 남자야말로 이상적인 존재이다. 역사 속의 사건을 가능한 한 일반적이고 인간적인 사건과 동일한 선에 놓으려 한다. 요한복음서가 그리는 그리스도라는 숭고한 존재가 너무 두드러져 사람들의 신경을 거스른다. 그러므로 요한복음서는 나사렛 출신의 소박한 남자 예수를 신격화하여 숭배하려고 한다는 것이다. 단순하고 소박한 남자 쪽이 신학자들의 마음에 든다. 그렇게 하면 예수 그리스도를 소크라테스와 같은 위대한 인간으로 그려낼 수 있는 것이다.

예수는 다른 위인들과는 본질적으로 다른 존재이지만, '나사렛 출신의 소박한 남자'라고 규정하면 어떻게든 평범하고 진부한 인간성을 기준으로 말할 수 있다. 이른바 오늘날의 계몽신학적 입장에서 쓰인 무수한 신학서·신학논문이 '나사렛 출신의 소박한 남자'에 대해 말할 때, 거기에는 몇 백 년 동안 조성된 유물론적 감각이 살아 있는 셈이다. 이런 입장은 물질적·감각적인 것만이 실재하며 그것만이 의미를 가진다는 믿음에서 비롯된다. 초감각적인 세계에 눈길을 던질 수 있었던 시대에는, 외면적으로는 역사상의 위인들과 나사렛 출신의 소박한 남자를 비교하는 것이 어떤 의미를 가질 수야 있겠지만, 눈에 보이지 않는 예수 속의 영적인 것을 염두에 둔다면 이 사내가 무엇과도 비교할 수 없는 존재임을 알 수 있다고 생각했던 것이다.

초감각적인 눈을 잃어버린 사람은 평균적인 인간을 넘어선 모든 것을 이해할 수 없다. 그 결과가 종교관 속에 잘 나타나 있다. 유물론은 무엇보다 먼저 종교생활에 영향을 끼친다.

성서의 유물론적 해석

이를테면 '최후의 만찬'에서의 빵과 포도주가 살과 피로 바뀌었다는 구절을 생각해 보자. 이 연속강의 속에서 상세히 다루겠지만, '만찬'을 영학적으로 해석했을 때도 상식적인 '만찬'의 의미가 없어지지는 않는다. 오늘날보다도 영적 감각이 발달했던 시절에 그리스도교의 가르침은 그런 해석을 했었다. 중세 전반기까지는 그랬다. 그 즈음 사람이라면 "이것은 내 살이다……이것은 나의 피다"(마가복음 14장 22-24)라는 말을 앞으로 서술할 그런 뜻으로 받아들였다. 그러나 그런 의미는 시대와 함께 잊혀졌다. 왜 그리 되었을까?

중세 시절에, 우리가 상상하는 이상으로 심각하게 사람들의 마음에 작용한 반드시 주목해야 할 하나의 경향이 일어났다. 인간의 혼이 시대와 함께 어떻게 변했는지, 혼이 무엇을 체험했는지를 알려고 해도 오늘날의 역사서에서는 거의 아무것도 찾아낼 수 없다. 유럽 중세 중기에 그리스도교도의 혼에 하나의 경향이 권위를 가지고 심각하게 작용하여 '만찬'에 대한 느낌을 유물론적으로 변화시키고 말았다. 그 결과 '이것은 내 살이다……이것은 나의 피다'라고 말하면, 물질적인 의미에서 빵과 포도주가 살과 피로 바뀐 것이라고만 생각하게 되었던 것이다. 이전에는 영적으로 받아들여졌던 일들이 물질적인 의미를 띠기에 이르렀는데, 그것은 이미 근대 자연과학이 성립하기 훨씬 전에 유물론이 종교생활에 스며들었음을 뜻한다.

그에 버금가는 중요한 예가 또 하나 있다. 중세 사람들은 창세기의 '창조 6일'을 해석할 때, 그 하루를 24시간으로 생각하지 않았다는 사실이다. 그 당시 신학자도 당연히 그렇게 생각하지 않았다. 창세기가 무엇을 말하려 하는지를 이해하고 있었기 때문이다. 창세기의 하루를 오늘날의 물리적 시간 단위인 하루로 이해하는 것은 참으로 무의미한 일이다. 하루는 태양에 대해 지구가 자전하는 주기를 가리킨다. 태양과 지구의 관계가 현재와 똑같았다는 것을 전제로 두었을 때 오늘날의 의미에서 '하루'로 해석할 수 있다. 그렇지만 태양과 지구가 지금과 같은 관계를 가지게 된 것은 창세기에서 창조 나흘째의 일이다. 그러므로 하루는 애당초 창세기의 나흘째부터 시작된다. 그 이전을 오늘날의 의미에서 하루로 보아서는 안 된다. 낮과 밤이 생긴 것이 나흘째이기 때문이다.

물질계의 낮과 밤만을 염두에 두어서는 낮과 밤의 영적 의미를 알 수 없는데도 유물론적으로 생각하는 사람은 물론이고 신학자조차도 지금의 하루를 창조의 하루로 착각한다. 옛날의 신학자들은 달랐다. 오래된 성전의 중요한 부분에 불필요한 내용이 들어 있을 리가 없다고 생각했다. 그러므로 창세기 제2장 21 "하느님은 아담을 깊은 잠에 빠뜨렸다. 그리하여 그는 잠들었다"라는 부분을 옛날의 신학자들은 특별히 중요시했다. 인간의 영적능력의 진화에 대해 조금이라도 배운 사람이면 인간의 의식에는 다양한 상태가 있고 '잠'이 든 사람이 육체의 구속을 벗어나 영계를 보는 경우가 있다는 사실을 안다. 그러므로 옛 사람들은 이렇게 설명했다.

신은 인간 아담을 깊은 잠으로 이끌었다. 그래서 아담은 육체의 감각기관으로는 지각할 수 없는 것을 지각하게 되었다. 그것은 견령의 잠이었다. 이 이야기는 고차적인 의식상태의 체험을 묘사한 것이다. 그러기에 아담은 '깊은 잠'에 빠져드는 것이다.

이것이 옛날의 설명 방식이다. 그 이전에도 인간이 깊은 잠에 빠져들 수 있었다면, 성전은 일부러 "하느님은 아담을 깊은 잠에 빠뜨렸다"라고 기록하지 않았을 것이다. 이것이 최초의 잠이었다는 것, 그 이전의 의식 상태에서 인간은 늘 영적인 것을 지각했다는 사실을 이 부분은 시사하고 있다.

옛날에는 성서를 영적으로 이해했다. 그리고 유물론적인 감각이 일어났을 때, 성서 속의 영적인 기술은 부정되고 말았다. 그러나 유물론자가 부정한 내용은 사실 유물론자 스스로 만들어 낸 내용이었다. 유물론이 지배하게 되면서 그러한 성전의 진정한 의미가 상실되었다. 종교경전 속에는 신지학이 스스로의 사명에 따라 '물질존재의 배후에는 비밀이 감추어져 있다'고 말하는 그러한 비밀이 기술되어 있다.

오늘날의 인간이 위험사상이라 생각하는 이른바 '유물론'은 지금 말한 유물론의 최종단계에 지나지 않는다. 먼저 성서가 유물론적으로 해석되기에 이르렀다. 만일 성서가 유물론적으로 해석되지 않았더라면 학문분야에서 헤켈과 같은 인물이 자연을 유물론적으로 해석하게 되지도 않았을 것이다. 14,5세기의 종교생활에서 닦여진 기초가 19세기에 이르러 결실을 맺어 자연과학적인 세계관을 꽃피웠고, 그 결과 요한복음서는 이해하기 힘든 성전이 되었다. 실제로 영적인 우주근거로 눈을 돌리지 않으면 요한복음서의 가치를 이해할 수 없다. 그 가치가 이해되지 않기에 이 복음서가 과소평가되는 것이다. 그리고 이 복음서를 이해하지 못하는 사람들이 유물론적인 사고방식에 따라 앞에서 말한 것처럼 성서를 오독하게 되는 것이다.

요한복음서와 다른 복음서의 차이를 단순한 비교를 통해 살펴보자. 산을 떠올려 보라. 그 산꼭대기에 한 사람이, 중턱에 세 사람이 서 있다. 각자가 다른 고도에 서서 아래를 바라보며 그림을 그린다. 제각기 선 장소에 따라 다른 풍경이 그려진다. 각자가 선 위치에서 볼 때 그 그림들은 모두 타당하다. 정상에 선 사람은 그 시점에서 풍경을 그린다. 그처럼 세 사람의 공관복음서 작자, 마태, 마가, 누가가 묘사한 것과 그와는 다른 입장에 선 요한이 묘사한 것은 다르다. 학자들은 어떤 설명으로 요한복음서를 이해시키려 할까? 이렇게 권위주의가 위세를 부리는 지금과 같은 시대가 아니었더라면 누구든 쉽게 그 오류를 찾아낼 수 있는 설명이 엄밀한 연구자의 이름으로 행해지고 있다. 잘못된 설명을 할 리 없다는 신학신앙이 우리의 의식을 철저히 지배하고 있다.

로고스의 가르침

유물론의 영향을 받은 신학자라면 요한복음서의 첫 구절부터 곧

란에 빠질 것이다. '로고스' 또는 '말'이라는 언어가 그를 혼란스럽게 한다. 사람들은 이렇게 말한다. "소박하고 단순할수록 좋은 법인데, 요한복음서는 말이니 생명이니 빛이니, 너무 어려운 철학적인 문제를 다룬다"라고.

문헌학자는 늘 그것이 어디에서 유래하는지를 묻는다. 근대의 작품에 대해서도 그런 태도에는 변함이 없다. 괴테의 '파우스트'를 논한 수많은 문헌을 살펴보면, 온갖 곳에서 이런저런 모티프가 어디서 유래하는지를 따진다. 괴테가 사용한 '구더기'라는 말이 어디서 온 것인가를 알아내려고 백년 이상에 걸쳐 발행된 문헌들을 참고자료로 삼는다.

같은 방식으로 그들은 요한이 '로고스'라는 말을 어디서 가져왔는지를 논한다. 소박한 인간의 마음을 향해 말하는 다른 복음서 작자들은 그렇게 철학적인 발언을 하지 않는다. 그러므로 그들은 요한복음서의 작자가 그리스적인 교양의 소유자라 여기고, 예수와 같은 시기에 살았던 알렉산드리아의 필론이라는 저술가가 그리스어 로고스로 무엇을 말하려 했는지에 주목하는 것이다. 교양 있는 그리스인 집단이 고차적인 존재에 대해 말할 때 로고스라는 말을 사용했을 것이라고 생각했다. 다시 말해 요한복음서의 작자도 이 말을 그런 의미로 사용했으리라는 것이다. 그렇게 하여 요한복음서가 다른 복음서 작자들과는 다른 전통 위에 서 있었다는 사실이 증명되었다고 생각했다. 요한은 그리스문화의 영향을 받아 그 관점에서 같은 사실을 다른 방식으로 표현하였고, 요한복음서의 머리에 나오는 "한 처음에 말이 있었다. 그 말은 하느님과 같

이 있었다. 그 말은 하느님이었다"가 필론의 로고스 개념이 요한
복음서의 작자의 정신에 작용하여 그 표현에 영향을 끼쳤음을 증
명하는 것이라고 한다. 이렇게 주장하는 사람에게는 누가복음서
첫머리를 보여주면 된다.

> "우리 가운데서 이루어진 일들에 대해 처음부터 보고 말
> 을 위해 일한 사람들이 전해 준 그대로 이야기를 적으려고
> 많은 사람들이 붓을 들었습니다. 그러므로 처음부터 그 모
> 든 것을 자세히 살핀 나도 테오필로 장관님께 차례대로 써
> 바치는 것이 옳을 줄로 생각합니다" (누가복음 1장 1-3)

여기서도 전하려는 내용이 '말의 증인이며 일꾼'이었던 사람들
의 전승이라고 하였다. 요한만이 그리스적 교양의 소유자였다고
한다면, 소박한 사람들에 속하는 누가가 '로고스'에 대해 말한다
는 것은 좀 이상하다. 아무리 권위주의적인 사람이라도 위에서 말
한 결론에 이르는 과정이 결코 엄밀하지 않고, 오히려 편견에 지
나지 않음을 느낄 수 있을 것이다. 요한복음서가 위에서 말한 의
미에서 공관복음서와 다른 관점으로 쓰였다고 생각하는 것은 유
물론적인 색안경을 끼고 바라본 결과에 지나지 않는다. 누구든 알
수 있는 말로 누가복음서의 첫머리가 로고스에 대해 말하는 것처
럼, 로고스의 증인이며 거기에 따르는 사람들이 말하는 '로고스'
는 고대인들이 잘 알고 믿었던 그런 것이었다. 이것은 요한복음서
의 첫머리를 깊이 이해하기 위해서 특별히 주의하지 않으면 안 되

는 사실이다. 당시 '로고스' 또는 '말'이란 언어를 사용한 사람들
은 도대체 그것으로 무엇을 나타내려 했을까?

인간의 언어능력

이론적인 설명이나 추상적인 개념규정으로는 로고스를 이해할 수
없다. 로고스에 대해 말하는 사람들의 감정생활에 몸을 담그지 않
으면 안 된다. 그 사람들이 주변 사물들을 살펴본다고 하자. 그때
그 사람들이 주변에서 무엇을 보았는지를 생각하는 것만으로는
안 된다. 그 사람들의 감정이 그것과 어떻게 이어졌는가를 아는 것
이 가장 중요하다. 그 사람들은 자연계의 광물, 식물, 동물, 인간을
살피면서, 인간을 가장 완벽한 존재로, 광물을 가장 불완전한 존재
로 느꼈다. 특정한 자연계 내부에서 고차적인 존재와 저차적인 존
재를 구별하는 방식이 시대에 따라 달랐다는 것을 알아야 한다.

　요한복음서의 의미에서 말하는 사람들은 하나의 사물을 특별
히 중요하다고 생각했다. 그 사람들은 동물을 바라보고 다시 사람
을 바라보았다. 그리고 그들은 그 둘 사이에 결정적인 차이가 있
다는 것을 알았다. 저차적인 존재에 비해 고차적인 존재가 드러내
는 특징 가운데 가장 두드러진 것은 내적인 움직임을 말을 통해
바깥으로 드러내고 자신의 생각을 말로서 주위에 전하는 능력이
라는 사실을 깨달았다. 저차적인 존재는 침묵한다. 그 아픔과 기
쁨을 말하지 않는다.

　그렇다. 벌레는 소리 내어 울지만 그것은 가재가 내는 소리와
마찬가지로 몸을 비비거나 긁어서 내는 소리에 지나지 않는다. 고

차적인 존재에 이르면 이를수록 내면을 소리로 표현하고 혼의 체험을 소리로 전하는 능력을 길렀다. 인간이 다른 생물보다 고차적인 곳에 선 것은 자신의 기쁨이나 슬픔을 말로 표현할 수 있을 뿐만 아니라 개인적인 일을 넘어선 정신내용을 말로서 사상으로서 표현할 수 있기 때문이다.

처음의 창조원리가 마지막에 나타난다

로고스의 가르침을 믿는 사람들은 인간이 오늘날의 모습으로 자신의 내적 체험을 말로 표현하기까지 오랜 시간을 가져야 했고, 지구가 오늘날의 모습을 갖기까지 오랜 시간이 필요했다고 말한다.

지구가 어떻게 생겨났는지는 나중에 말할 테지만, 인간이 아직 오늘날과 같은 모습이 아니었고 자신의 체험을 안에서 바깥으로 드러낼 수 없었던 시절도 있었다. 우리 세계는 침묵 상태로 시작되었다. 그리고 마침내 내적 체험을 바깥으로 드러내고 말을 할 수 있는 사람들이 지상에 나타났다. 그렇다고는 하지만 늦은 시기에 인간에게 나타난 언어능력은 세계의 처음에 이미 존재했다. 로고스의 가르침을 믿는 사람들은 그렇게 생각했다.

지금과 같은 인간의 모습은 예전에 이 지상에는 존재하지 않았지만, 인간은 불완전한 침묵의 존재에서 점차 로고스 또는 말을 구사하는 존재로 진화했다. 인간이 여기까지 진화할 수 있었던 것은 그에게 마지막으로 나타난 창조의 원리가 고차적 현실 속에 처음부터 존재했기 때문이다. 인간이 혼 속에서 애써 끄집어 낸 것은 신의 창조원리였다. 혼에서 터져 나오는 말은 이미 처음에 있었다. 그리고 그 말 = 로고스가 진화를 이끌었고, 최종적으로는 스스로를 말로 표현할 수 있는 존재를 여기에 나타나게 한 것이다.

시간적·공간적으로 마지막으로 나타난 것이 영적으로는 최초에 존재했던 것이다. 한 가지 예를 들어 설명해 보자. 내 앞에 한 송이 꽃이 꽂혀 있다. 이 꽃은 얼마 전에 어떤 모습이었을까? 그것은 작은 씨앗이었다. 그 안에는 가능성으로서 이렇게 하얀 꽃이 있었다. 꽃이 하나의 가능성으로서 씨앗 속에 없었더라면 지금 눈앞에 있는 꽃은 이런 모습으로 나타날 수 없었을 것이다. 그렇다면 그 씨앗은 어디서 왔을까? 그것은 다시 이러한 꽃 속에 있었다. 씨앗이 꽃에 앞선다. 꽃이 핀 뒤 열매가 맺힌다. 그처럼 이 꽃을 가능하게 한 씨앗은 똑같은 하나의 식물에서 비롯된 것이다. 로고스의 가르침을 믿는 자들은 인간도 그렇게 관찰하였고, 그리고 이렇게 말했던 것이다. - 진화의 과정을 거슬러 올라가면 아직 말을 모르는 침묵의 인간을 발견할 수 있다. 그러나 씨앗이 꽃에서 생기듯 침묵의 인간 씨앗은 처음에 말을 하는 신에서 비롯되었다.

제비꽃이 씨앗을 맺고 그 씨앗이 다시금 제비꽃을 피우듯 신적인 조물주의 말이 침묵의 인간 씨앗을 만들어 냈다. 그리고 신적인 조물주의 말이 침묵하는 인간 씨앗 속에 파고들어 그 속에서 다시금 스스로를 열어젖힐 때 근원적인 조물주의 말이 인간 씨앗에서 울려 나온다. 인간의 진화과정을 거슬러 올라가면 불완전한 존재를 만난다. 진화의 의미는 마침내 꽃이 되어 혼의 내면을 열어젖히는 로고스 또는 말이 나타난다는 데 있다. 처음에는 침묵하는 인간이 인간 씨앗으로 나타난다. 이 인간 씨앗은 로고스를 발하는 신에게서 일어났다. 지금의 인간은 말을 하지 않는 침묵의 인간에게서 생겨난 것인데, 그러나 마지막에 존재하는 것은 처음의 로고스 또는 말이다.

고대의 로고스 사상을 인식하는 사람은 이렇게 하여 존재의 근원인 조물주의 말에 이르는 것이다. 요한복음서의 작자는 그런 진리를 첫머리에 기록하였다. 그가 첫머리에 올린 그 말에 귀를 기울여 보자.

"처음에 말이 있었다. 말은 하느님과 같이 있었다. 말은 하느님이었다"

오늘날 그 말은 어디에 있느냐고 그는 말한다. 오늘날도 그 말은 있다. 그 말은 인간에게 있다. 말은 인간이다. 그렇게 하여 요한복음서의 작자는 인간을 신과 연결시켰다. 어떤 사람의 마음에도 쉽게 통할 수 있는 가르침이 요한복음서의 첫머리에 울려 퍼지고 있다.

오늘은 근본적으로 로고스의 가르침을 믿는 사람들이 요한복음서의 이 첫머리를 어떻게 느꼈는가를 감정의 관점에서 말해 보았다. 그 글이 쓰인 당시의 감정 속에 잠겨 볼 수 있다면 우리도 이 요한복음서의 근저에 존재하는 깊은 의미 속으로 들어갈 수 있을 것이다. 어떤 의미에서 신지학이 요한복음서의 진정한 재현인가, 어떻게 신지학이 요한복음서를 근본적으로 이해할 수 있게 하는가, 그것을 아는 것이야말로 이 강의의 과제이다.

제2강
비교적 그리스도교, 신적인 선인(先人) – 1908년 5월 19일

신지학이 말하는 인체와 우주

요한복음서의 첫머리는 우주의 가장 깊은 비밀을 직접적으로 건드린다. 이러한 복음서의 의미를 올바르게 밝히려면 영적 인식을 심화시켜야 한다.

그러므로 지금까지 신지학을 배운 사람이라면 잘 아는 어떤 사실을 상기할 필요가 있다. 오늘은 신지학의 기본적인 관점을 우주의 중요한 비밀과 관련시켜 다루어 볼 생각이다.

신지학의 관점에서 보면 인간이란 육체, 에테르체, 아스트랄체, 자아로 이루어졌다. 이 네 가지는 깨어 있을 때는 서로 결합되어 있지만 잠을 잘 때는 다른 존재 양태를 띤다. 각성 때하고는 완전히 다른 형태를 띠는 것이다. 잠을 잘 때 육체와 에테르체는 잠자리에 누워 있지만 아스트랄체와 자아는 그 육체와 에테르체를 벗어나 바깥에 있다. 물론 공간적인 의미에서가 아니라 영적인 의미에서 그러하다.

밤의 인간은 두 가지 부분으로 나뉘어 존재한다. 한쪽은 잠자리에 누워 있고 다른 한쪽은 육체와 에테르체에서 벗어난다. 밤에 잠을 자고 아침에 다시 눈을 뜨기까지 잠자리에 누운 육체와 에테르체는 자신 속에 침투해 있던 아스트랄체와 자아를 잃어버리기 때문에 깨어 있을 때처럼 존재하는 것이 아니다. 이 점을 이해하려면 우주의 비밀을 더 깊이 알아야 할 것이다.

눈으로 보고 손으로 만질 수 있는 우리의 육체는 오랜 진화과정을 거쳐 오늘날의 모습을 가지기에 이르렀다. 육체는 지구라는 우리가 사는 행성의 진화과정을 처음부터 거쳐 왔다. 지질학을 배운 사람은 지구가 현재와는 다른 상태들을 지나왔다는 사실을 안다. 인간이 윤회전생을 거듭하듯 우리의 지구 또한 오늘날의 상태에 이르기까지 다양한 상태를 거쳐 왔다. 인간에게 전생이 있듯 행성에도 전생이 있다. 대우주와 소우주 또한 윤회전생의 법칙을 따른다. 지구는 지금의 지구가 되기 이전에 '월기'(月紀)라는 상태를 통과했다. 오늘날의 달이 이 오래된 행성의 단편이기에 그렇게 이름지었다. 그러므로 '월기'란 지금의 달을 말하는 것이 아니라 지구와 같은 행성을 뜻한다.

인간의 전생과 현생 사이에 일정한 기간이 있듯 지금의 지구기와 월기 사이에도 일정한 기간이 있다. 그리고 '태양기'(太陽紀)라는 예전의 우리 행성 형태와 월기 사이에도 같은 말을 할 수 있다. 태양기는 월기에 앞서는 행성 상태를 말하며, 나아가 '토성기'(土星紀)가 그 태양기에 선행한다. 그러므로 우리 행성은 세 번의 전생을 거친 셈이다.

인간의 몸은 토성기에 처음 싹의 상태로 존재하였는데, 그때의 형상은 물론 지금의 인체와는 달랐다. 그 시기에 육체가 아닌 다른 부분은 아직 형성되지 않았다. '토성'이 '태양'으로 변화한 지구행성의 제2 전생기에 에테르체가 몸에 결합하여 그것을 가득 채웠다. 그 결과 인간의 몸에 변화가 일어났다. 육체가 다른 형태로 바뀌고 다른 방식으로 살아가게 되었다. 이렇게 하여 태양기의 육체는 그 존재의 제2 단계에 들어서게 된 것이다. 다시 말해 토성기에는 기계적이며 자동적이었던 것이 내적으로 활발한 몸으로 바뀐 것이다. 육체 속에 침투한 에테르체가 그것을 가능하게 했다. 월기에 이르면 육체와 에테르체에 아스트랄체가 침투하여 육체에 세 번째 변화를, 에테르체에 두 번째 변화를 이끌어 낸다. 마지막으로 지구기에는 육체, 에테르체, 아스트랄체에 자아가 결합하였고, 이러한 삼중의 관련성 속에서 지금의 복잡한 구조가 형성되었다. 지금의 인체는 이렇게 하여 다양한 변화를 거쳐 형성된 것이다.

인체와 광물

사람의 몸은 외부에 있는 광물과 같은 성분, 같은 작용력을 갖지만, 인간의 몸과 광물 사이에는 큰 차이가 있다. 이를테면 수정은 외부에서 파괴하는 힘이 작용하지 않는 한 자신의 힘으로 그 형태를 유지할 수 있지만, 인체는 자신의 힘으로 그 형태를 이룰 수 없다. 에테르체와 아스트랄체와 자아를 그 속에 간직하는 한에서만 스스로 형태를 유지할 수 있다. 에테르체, 아스트랄체, 자아가 거기서 이탈하는 순간, 태어나서 죽음에 이르기까지 간직해 온 그 모습과는 전혀 다른 형태를 띠게 된다. 물리적 · 화학적 법칙에 따라 그 형태를 잃어버린다. 거기에 반해 광물의 결정체는 그 형태를 굳건히 유지한다.

에스트랄체에 대해서도 같은 말이 가능하다. 사람이 죽으면 얼마 뒤 에테르체 또한 아스트랄체와 자아에서 분리되어 육체가 땅으로 돌아가듯이 우주 에테르체 속으로 녹아든다. 그리고 몇 번이나 말했듯이 에테르체의 핵심만이 인간존재와 하나가 되어 남게 된다. 이처럼 인간의 육체는 주위의 광물과 똑같은 물질가치를 가지는 듯 보이지만 광물과는 크게 다른 것이다.

이렇게 말하는 사람이 있을지도 모르겠다. "토성기 인간의 육체에는 에테르체도 아스트랄체도 자아도 침투하지 않은 상태였다. 이 세 가지 부분은 태양기, 월기, 지구기에 나타났다. 따라서 토성기의 육체는 광물적인 가치만 가지고 있었다"라고.

그러나 토성기 이후 이 육체는 세 번에 걸친 변화를 거쳤다. 죽은 상태처럼 보이는 광물도 단순한 물질체로 존재하는 것이 아니다. 광물이 물질일 뿐이라고 말하는 것은 상식적인 물질계에서는 타당한 말일지 몰라도 그것이 절대적으로 옳은 것은 아니다. 우리 몸이 에테르체와 아스트랄체와 자아를 가지고 있듯 광물 또한 물질체이면서 에테르체와 아스트랄체와 자아를 가지고 있다. 다만 광물존재의 이러한 고차적인 부분들은 고차적인 세계 속에 존재할 따름이다. 광물은 이른바 아스트랄계 속에 그 에테르체를 가지고, 이른바 신계 또는 천상계 속에 그 아스트랄체를 가지며, 그보다 더 높은 영계 속에서 그 자아를 가진다. 그러므로 인간의 육체와 물질체의 차이점은, 지상의 물질계에서 인간의 몸이 잠을 자지 않는 상태에서는 에테르체와 아스트랄체와 자아를 스스로 보유하는 반면에 물질계의 광물은 에테르체와 아스트랄체와 자아를 그 속에 보유하지 않는다는 데 있다. 우리는 우리 세계 외에 다른 세계들이 있다는 것을 안다. 감각으로 지각할 수 있는 세계는 아스트랄계로 관통되고, 아스트랄계는 신계에 관통되며, 신계는 낮은 신계와 높은 신계로 나뉜다.

인간에게는 광물에서는 찾아볼 수 없는 특징이 있다. 자지 않을 때 자신 속에 세 가지 존재부분을 가진다는 것이다. 광물은 자신 속에 그 세 가지 부분을 갖지 않으므로 물질계 속에서 완전하게 존재한다고 할 수 없다. 손톱을 생각해 보자. 그것은 결코 자연계 속에 단독으로 존재할 수 없다. 왜냐하면 그것이 성장하기 위해서는 유기적인 인체가 있어야 하기 때문이다. 손톱은 인체 없이는 존재할 수 없는 것이다.

가정해서, 몸의 다른 부분은 볼 수 없고 손톱만 보는 눈을 가진 작은 동물이 있다고 하자. 그 동물은 오로지 손톱밖에 볼 수 없다. 거기에 존재하는 광물은 손톱뿐이다. 광물은 고차적인 세계에서는 에테르체와 아스트랄체를 가지지만 이 물질세계에서는 물질체만을 가지고 있기 때문이다. 고차적인 영적 현실 속에 에테르체, 아스트랄체, 자아를 갖지 않는 그런 광물 존재는 없다. 물질은 고차적인 세계에서 에테르체, 아스트랄체, 자아가 결합되지 않으면 절대로 존재할 수 없다.

그러나 지금 말한 내용에는 모순이 있다. 밤에 잠을 잘 때 인간은 깨어 있을 때와는 완전히 다른 존재가 된다. 낮의 인간은 네 가지 부분으로 존재하지만 잠을 잘 때는 그 물질부분만이 남는다. 육체와 에테르체만이 침대에 누워 있고 아스트랄체와 자아는 나가버린다. 그러므로 모순적인 존재가 되어 버리는 것이다. 아스트랄체와 자아에게 버림받은 존재인 셈이다.

돌은 잠들지 않는다. 돌의 에테르체, 아스트랄체와 자아는 돌에 깃들지 않는다. 그러나 그것들은 늘 같은 방식으로 돌과 관련을 맺고 있다. 인간의 경우에는 매일 밤 아스트랄체와 자아가 바깥으로 나간다. 밤이 되면 인간은 자신의 육체와 에테르체를 마음에서 벗어던지고 그것들 스스로에게 맡겨 버린다. 이런 사실은 충분히 고찰되지 않아 왔다. 매일 밤 인간은 본래의 영적 인간이 되어 자신의 육체와 에테르체에서 벗어난다. 그러나 육체도 에테르체도 자신만으로는 존재할 수 없다. 돌조차도 그 고차적인 존재가 깃들어야 존재할 수 있다.

이렇게 생각해 본다면, 우리의 육체와 에테르체가 아스트랄체와 자아 없이 밤에 침대에 누워 있다는 것은 절대로 불가능한 일이란 것을 알 수 있다. 그렇다면 도대체 밤에 무슨 일이 일어나는 것일까?

우리의 아스트랄체와 자아는 육체와 에테르체 속에는 존재하지 않지만, 그 대신에 다른 자아와 다른 아스트랄체가 거기에 존재한다. 그야말로 이럴 경우에 오컬티즘은 고차적인 영적 존재들, 신령들을 염두에 두지 않으면 안 된다. 밤 동안 우리의 자아와 아스트랄체는 육체와 에테르체에서 벗어난다. 그러면 그 육체와 에테르체 속에 고차적인 신령존재들이 아스트랄체와 자아가 작용하는 것이다. 그리고 이것은 다음과 같은 사정에 의한다.

토성기에서 태양기, 월기를 거쳐 지구기에 이르는 인간진화의 전 과정을 보면, 토성기의 인간에게는 육체만이 있었고 에테르체도 아스트랄체도 자아도 아직 존재하지 않았다. 그렇지만 그 육체 또한 돌이 그것만으로는 존재하지 않듯이 자신만으로는 존재할 수 없었다.

사실 당시의 육체는 신령존재들의 에테르체와 아스트랄체와 자아에 의해 존재할 수 있었다. 신령존재들이 인간의 육체 속에 살아 있었다. 그리고 그 후에도 계속 살았다. 태양기가 되어 에테르체가 육체 속에 들어갔을 때, 인간의 어린 에테르체는 신령존재들의 에테르체와 섞여 있었다. 그런 일들이 이미 토성기에 시작되었던 것이다.

이런 사실들을 이해했을 때 비로소 비교적(Esoteric) 그리스도교가 옛날부터 가르친 내용들을 이해할 수 있게 된다.

아테네의 비교적(秘敎的) 그리스도교

비교적 그리스도교는 현교적 그리스도교와는 달리 은밀히 존재했다. 위대한 사도 바울은 여러 민족들에게 그리스도교를 전하기 위해 열정적인 선교활동을 벌이면서도 동시에 비교적 그리스도교 일파를 세웠다. 사도행전 제17장 34에 인용된 아레오파고스의 관리 디오니시오는 그 파의 대표자였다. 바울은 아테네에 그 자신이 손수 설립한 이 교파에서 순수한 영학을 가르쳤다. 지금 우리는 거기서 가르친 내용을 다루어 보려 한다. 지금까지의 논의는 그것을 위한 토대를 세우는 것이었다.

이 비교적 그리스도교는 이런 가르침을 소중히 여겼다.

"깨어 있을 때의 인간은 육체, 에테르체, 아스트랄체 및 자아로 이루어져 있다"

물론 오늘날의 신지학적 용어와 똑같은 것은 아니었지만, 그런 것은 중요하지 않다. 아무튼 이 네 가지 존재부분을 가진 인간이 어떤 진화과정을 거쳤는지 가르쳤던 것이다.

네 가지 존재부분으로 이루어진 인간이 지금과 같은 형상으로 계속 존재했던 것은 아니다. 순수하게 이 네 가지 부분으로 이루어진 인간을 생각하고 싶다면, 현대인이 아니라 먼 과거의 레무리아기의 인간을 보아야 한다. 그때 육체와 에테르체와 아스트랄체로 이루어진 인간에게 자아가 덧붙여지게 된다.

윤회전생의 의미

그 후로 인간은 수많은 윤회전생을 거듭했다. 그렇다면 거듭 윤회하며 이 지상에 다시 태어나는 진화는 무엇을 의미할까? 그것은 자아가 스스로에게 작용을 가하는 것, 자아가 다른 세 부분을 바꾸어 내는 데에 있다. 자아는 우선 아스트랄체를 바꾼다. 지금의 인간이 가진 아스트랄체는 예전에 자아가 처음으로 아스트랄체에 작용했을 때의 상태 그대로는 아니다. 지구상에 처음 수육한 자아는 그때까지 인간에게 주어진 표상이나 감성이나 열정의 어떤 부분을 내적으로 변화시켰다. 다시 태어날 때마다 자아의 작용을 통하여 아스랄체는 점점 변화되어 갔다. 그러므로 오늘날의 인간은 이미 네 가지 존재부분을 가지고 있을 뿐만 아니라 아스트랄체 속에 자아가 만들어 낸 아스트랄 부분도 가지고 있다. 지금의 인간은 누구든 두 가지 아스트랄체를 가졌다. 자아가 변화시킨 부분과 그렇지 않은 부분이다. 그리고 점점 자아가 만들어 낸 아스트랄체로 채워져 갈 것이다. 언젠가는 모든 인간의 아스트랄체가 자아의 소산으로 바뀔 것이다. 동양의 예지는 자아가 변화시킨 아스트랄체를 마나스라 하고, 우리는 그것을 '영적 자아'라 부른다. 그런 사람도 네 가지 부분으로 이루어지지만 그러나 제5의 부분인 마나스 또는 영적 자아도 덧붙여 존재한다는 사실을 알아야 한다. 오늘날의 모든 인간적 아스트랄체 속에는 자아의 소산인 마나스가 포함되어 있다.

인간은 계속적으로 스스로를 변화시킬 것이며 지구는 더욱더 윤회전생을 계속해 나간다. 모든 사람의 자아가 점점 에테르체에 작용하는 능력을 갖추어 가는 것이다. 오늘날 이미 많은 사람들이 그런 활동을 하고 있다. 그 결과로 자아가 만들어 낸 에테르체를 '붓디' 또는 '생명령'이라 부른다. 마지막으로 육체가 자아에 의해 변화되면 그렇게 변화된 육체를 '아트만' 또는 '영인'(靈人)이라 한다.

미래의 인간

먼 미래를 한 번 바라보자. 지구는 오컬티즘이 말하는 목성기, 금성기, 불간성기라는 행성상태를 거치게 된다. 지구가 그 과정을 통과했을 때, 인간은 본질적으로 고차적인 단계에 서게 될 것이다. 그 때의 아스트랄체는 마나스로, 에테르체는 붓디로, 육체는 아트만으로 변화될 것이다.

지구진화의 마지막 시기의 인간과 그 출발 단계의 인간을 비교해 보면, 처음의 인간은 육체적인 존재였다. 그 육체에는 에테르체와 아스트랄체와 자아가 관통하고 있는데, 이러한 것들은 신령 존재들의 것으로 다만 인간의 육체 속에 깃든 데 지나지 않았다. 진화의 마지막 단계에서 인간은 자신의 자아에 의해 관통된다. 자아가 아스트랄체를 마나스로 변화시켰을 때, 그 자아가 마나스 속에 깃든다. 이런 자아는 이어서 에테르체에 침투되고 그것을 붓디 또는 생명령으로 바꾸고, 나아가 육체를 아트만으로 바꾼다. 진화의 발단에 선 인간과 진화의 마지막 단계의 인간 사이에는 너무나 현격한 차이가 있다. 이런 차이에 눈길을 던질 때 내가 의도적으로 '모순'이라 부른 인간의 수면상태를 이해할 수 있을 것이다.

비교적 그리스도교의 가르침은 이런 내용을 명시하고 있다. 지구가 진화의 목표에 도달했을 때 우리의 육체는 오늘날의 육체 그대로일까? 결코 그렇지 않다. 자아에 의해 바뀐 육체가 그때는 완전히 영적인 존재가 될 것이다. 에테르체도 아스트랄체도 마찬가지다. 그러나 인간의 자아가 그것들을 영적으로 변화시키기 이전에도 이미 그런 것들은 영적으로 바뀌어 있었다. 이미 말했듯이 현재의 돌조차도 에테르체와 아스트랄체와 자아에 의해 영화된 존재인 것이다. 고차적인 영계에 속한 에테르체와 아스트랄체와 자아에 의해서. 이것은 비교적 그리스도교가 말하는 내용과 완전히 일치한다.

신령존재 인간

지금의 인간은 자신의 육체를 아직 지배할 수 없다. 인간은 아직 자아에 의해 육체를 바꾸는 과정을 통과하지 못했다. 인간은 아직 에테르체를 지배하지 못한다. 지구가 금성기에 이르면 그것이 가능할 것이다. 금성기에 이르러서야 인간의 자아에 의해 에테르체와 육체가 붓디와 아트만으로 바뀔 것이다.

그때의 육체와 에테르체는 영적인 방식으로 자아에 지배될 터인데, 그러나 인간이 언젠가는 육체와 에테르체에게 손수 부여하게 될 영적인 부분이 오늘날에도 이미 그 속에 내재하고 있다. 이미 토성기에서도 이러한 영적 부분은 처음부터 육체 속에 존재하였다. 그것은 태양기에서도 존재했다. 그리고 육체 속에 계속 머물러 있었다.

그러므로 오늘날의 인간 육체 속에는 인간이 진화의 정점에 섰을 때 그 육체를 통해 나타날 그 무엇이 이미 존재한다. 신적인 아트만, 신령존재로서 존재하는 것이다. 오늘날에도 이미 에테르체 속에 붓디가 신의 생명령으로 존재한다. 앞에서 말했듯이 인간의 아스트랄체는 자아에 의해 지배되는 부분과 아직 지배받지 않는 부분으로 나뉘어져 있다. 자아가 아직 지배하지 못하는 아스트랄체 속에도 영적 자아가 있다. 신적인 영적 자아가 말이다. 그러나 인간 자신의 영적 생활은 자아가 최초의 수육 이래로 활동해 온 아스트랄 부분의 내부에서만 찾아볼 수 있다. 이것이 현재의 인간 존재이다.

깨어 있는 상태의 인간을 바라보자. 지금 눈에 보이는 육체는 그 외부에 지나지 않고, 그 내부에는 아트만적인 본성이 내재한다. 내적으로는 고차적인 신령존재이다. 그것은 고차적인 신령존재로 충만하다. 에테르체에도 같은 말이 가능하다. 외적인 에테르체는 육체를 결합시키는 존재이지만, 내적으로 그것은 신적인 생명령이다. 그리고 아스트랄체에는 신적인 영적 자아가 내재한다. 자아는 아스트랄체의 변화한 부분만을 그 관련 전체 가운데서 이미 자신의 것으로 끄집어내어 가지고 있다.

잠을 잘 때 인간을 보면, 이런 모순은 즉각 사라진다. 잠든 인간의 아스트랄체와 자아는 육체와 에테르체에서 분리되어 그 바깥에 있다. 그때 만일 신적 존재가 그 아스트랄체와 자아를 대신하지 않는다면 다음 날 아침 육체는 파괴되고 말 것이다. 신령스런 육체적인 것과 신령스런 에테르적인 것이 인간의 육체와 에테르체가 잠자리에 누워 있을 때 그 속에 존재한다. 인간의 육체와 에테르체는 그 때 신령스런 아트만적 존재와 신령스런 붓디적 존재로 관통된다.

지구기의 초기에는 아직 자아가 인간을 완전히 통어하지 못하고, 월기부터 형성된 육체, 에테르체, 아스트랄체가 지구기에 이른다. 자아는 지구기 초기에 발생했다. 그러나 그 이전부터 신적 자아가 인간의 육체와 에테르체와 아스트랄체에 침투하였다. 신적인 영적자아가 아스트랄체에, 신적인 생명령이 에테르체에, 신적인 영인이 육체에 깃들어 있었다.

토성기 때의 신적 생명령이 지금 잠자리에 누운 인간에게 깃든 생명령이다. 이 생명령이 광물을 소재로 인체, 특히 육체를 만들어 낸 것이다. 같은 생명령이 태양기에 육체에 식물적인 성격을 주었고, 월기에 그 육체로 하여금 쾌락과 고통을 느낄 수 있게 하였다. 그러나 인간은 아직 자신에 대해 '나'라고 말할 수 없었다. 인간은 그러한 단계를 통과한 다음에 지구기에 이른다.

지구기가 되어서도 처음에는 아직 신령으로부터 소중한 능력을 부여받지 못했다. 혼의 작용을 자신의 내부에서 울려나오게 하는 능력을. 동물단계에 있던 월기의 인체는 침묵을 지킬 따름이었다. 인간고유의 본질을 바깥으로 드러내는 능력은 아직 신에게 속하여 인간은 그것을 행사할 수 없었다. 오늘날 바깥으로 소리를 내는 동물이 있긴 하지만 그것은 자신의 내면을 표현하는 것이 아니라 자신 속의 신적인 작용을 울려 퍼지게 하는 것이다. 내적인 혼의 작용을 말로 표현하는 능력은 지구기의 인간에게 처음으로 주어졌다. 그 이전의 인간은 침묵하는 존재였다.

인체 진화의 전과정

오늘 다룬 주제를 다시 한 번 반복해 보자. 진화의 전 과정은 다음과 같은 방식으로 이끌어졌다. 말을 하는 능력은 애당초 신에게 있었다. 그리고 신은 우선 인간의 내부에서 이러한 말을 울려 퍼지게 할 수 있는 신체 조건을 만들었다. 모든 것이 거기에 맞게 방향 설정되고 그쪽으로 이끌려져 갔다. 꽃이 씨앗 속에 내재하듯 말하는 능력 - 로고스의 능력은 이미 토성기의 인간 씨앗 속에 내재해 있었다. 그러나 말의 울림은 씨앗 속에 감추어져 있었다. 식물이 씨앗에서 성장하듯 이 능력 또한 인간 씨앗에서 성장해 갔다.

토성기의 인체에 눈길을 돌려 그것이 어디서 유래하는 것인가를 생각해 보자. 도대체 인체의 궁극적인 발단은 어디에 있었을까. 무엇이 결여되었을 때 인체의 진화과정을 되새겨 볼 수 없게 될까.

인체는 로고스, 즉 말에서 태어났다. 이미 토성기에서 인체는 언젠가는 말을 하는 존재, 즉 로고스의 증인이 될 운명이었다. 인체가 오늘날의 형상을 가지게 된 것은 지구 창조의 섭리 근저에 '말'이 존재했기 때문이다. 인체 전체는 말에 맞게 형성되어 있다. 언젠가는 말이 인체에서 나올 수 있게끔 처음부터 의도되어 있었다. 그러므로 비교적 그리스도교도는 인체를 관찰하며 그 원상을 탐구하는 과정에서 다음과 같은 답을 얻게 된다. "인간은 말 속에 몸의 원상을 가지고 있다. 말은 처음부터 인체 속에 작용하고 있었다. 그리고 오늘날에도 작용하고 있다"

인간이 잠들어 그 자아가 몸에서 벗어나면, 남은 존재부분 속에 신의 말이 작용한다. 그러므로 인체의 기원을 묻는다면, 최초의 인체는 로고스이며 말이었다 해야 할 것이다.

토성기에서 태양기로 오면 육체에 에테르체가 결합된다. 토성기의 육체가 일종의 기계이며 자동장치였다고는 하지만 거기에는 로고스가 충만하였다. 태양기에 이르러 거기에 에테르체가 침투하면 신의 생명령이 작용하기 시작한다. 토성기의 인체는 로고스의 표현이었지만, 토성기가 끝나고 새로이 태양기가 시작되면 인체는 생명력으로 가득한 에테르체를 받아들인다. 태양기에 이르러 말이 생명이 되는 것이다. 그것으로 인해 인간은 더 높은 단계로 들어선다.

월기에 이르면 인간에게 아스트랄체가 형성된다. 견령능력으로 바라보았을 때 아스트랄체는 오늘날에도 인간을 둘러싼 아우라로 나타난다. 현재의 의식으로는 아직 볼 수 없지만 그것은 빛의 몸이다. 빛, 영적 빛이다. 그리고 물질계의 빛은 영적 빛이 변화한 것이다. 태양광도 신령의 아우라인 우주빛이 물질화한 것이다. 지구에서 보는 빛은 태양에서 흘러나오지만, 빛에는 인간의 내부에서 나오는 것도 있다. 월기에서는 인간의 아스트랄체가 주위의 존재들에 의해 내부에서 빛을 뿜어냈다. 월기에 이르러 인간의 아스트랄적 빛이 육체와 에테르체에 합류하였다.

진화의 전 과정을 돌이켜보면 토성기에서 육체는 로고스의 표현이었다. 태양기에 에테르체가 생명령의 표현으로 덧붙여졌다. 말은 생명이 되었다. 월기에 빛의 몸이 덧붙여졌다. 생명은 빛이 되었다. 이렇게 인체는 진화한 것이다.

지구기가 되어서도 인간은 신령존재의 피조물이었다. 당시의 육체, 에테르체, 아스트랄체 속에는 생명이 되고 빛이 된 로고스가 살아 있었다. 그리고 지금, 지구기의 인간에게 자아가 덧붙여짐으로써 인간은 빛과 생명을 살아갈 뿐만 아니라 말과 생명과 빛을 자신에게 대치시키고 그것들을 외부에서 고찰할 수 있게 되었다. 그렇게 하여 모든 것이 그에게는 외적인 물질이 되어 의식 앞에 나타나게 된 것이다.

진화의 과정을 여기까지 더듬어 보면 자연히 다음 강의의 주제가 부각된다. 이제 우리는 자아를 가진 현재의 인간이 신적존재 속에서 어떻게 나타나는가를 살펴보아야 한다. 자아를 가진 현재의 인간 이전에는 신적인 선인(先人)이 있었다. 인간의 자아가 깨어 있을 때 획득한 체험을 가지고 매일 밤 육체와 에테르체를 벗어나면, 항상 인간 속에 작용하던 신령이 무방비 상태에 놓인 육체와 에테르체를 위해 일을 한다. 근원적인 신령존재가 인간의 육체와 에테르체 속에 작용하는 것이다.

요한복음서가 펼쳐 보이는 진리

'로고스의 시종'인 그리스도교 신비주의가 말하는 존재의 깊은 비밀은 요한복음서의 모두에 쓰인 위대하면서도 간결한 명제 속에 뚜렷이 나타나 있다. 그 말은 올바르게 번역되어야 한다. 이 명제의 가치를 정확히 파악하기 위해서 마지막으로 다시 한 번 설명해 두자.

'말'은 인체의 원상(原象)이다. 또한 '말'은 만물의 근원이다. 모든 동물, 식물, 광물은 그 이후에 생겨났다. 토성기에서는 인간만이 존재했다. 태양기에 '말'은 생명이 되었다. 그리고 월기에서는 빛이 되었다. 그리고 지구기에 이르러 인간이 자아를 얻었을 때, 그 말이 인간에게서 나오게 되었다. 그러나 인간은 말이 무엇인지, 말이 마지막 단계에 이르러 무엇으로 나타날지를 배워야 한다. 처음에 말이 있었다. 그 말은 생명이 되고 빛이 되었다. 그리고 그 빛은 아스트랄체 속에 살아 있다. 인간의 내적 어둠 속에, 그

무명 속에 빛이 환하게 비쳐들었다. 지구기의 존재의미는 인간이 말의 빛을 인식하고 내부의 어둠을 극복할 수 있게 하는 데 있다.

요한복음서 모두의 말은 그러므로 간결하지만 이해하기 힘들다. 그러나 우주에서 가장 심각한 사실이 통속적인 말로 설명될 수 있을까. 손목시계의 구조를 이해하기 위해서는 지성을 활용하여 대상을 깊이 연구하는 것이 당연하다고 여기면서도 우주의 신적 존재를 이해하는 데는 단순하고 소박한 상식으로 충분하다고 생각하는 것은 성스러운 것에 대한 모욕이라 할 것이다. 현대인은 보통 종교서의 심오한 내용을 접하면서 "아, 이 무슨 복잡하고 까다로운 말인가, 더 간결하게 설명할 수 없는가" 하고 생각한다.

그러나 장대한 우주 진화를 진지하게 고찰하고 싶다면, 복음서 가운데서도 가장 심오한 요한복음서 모두의 말이 표현하는 깊은 의미에 빠져들어 보아야 한다. 그것이 지금까지 내가 말한 내용을 가장 간결하게 표현한 것이기 때문이다. 그럼 이제 그 모두의 말을 번역해 보자.

"처음에 말이 있었다. 그리고 말은 하느님에게 있었다. 그 말은 하느님이었다.

이 말은 처음에 하느님에게 있었다. 모든 것은 말에 의해 일어났다. 생성한 것 가운데 말에 의하지 않은 것은 하나도 없었다. 말의 내부에 생명이 있었다. 생명은 인간의 빛이 되었다. 그리고 빛은 어둠 속에서 빛났다. 그러나 어둠은 그것을 이해하지 못했다"

어떻게 하여 어둠이 점차로 빛을 이해하게 되는가에 대해 요한 복음서는 이야기를 이어간다.

제3강
지구의 사명 (1908년 5월 20일)

자기인식의 진화과정

요한복음서 첫머리에는 깊은 의미가 담겨 있다. 요한복음서의 작자는 태곳적 선인의 생성에 눈길을 돌려 그리스도교 신비주의(비교적 그리스도교)의 의미에서 모든 것이 언어 또는 로고스로 귀착된다는 것을 시사한다. 로고스는 이미 토성기에 창조적으로 작용했다. 그리고 생명이 되고 빛이 되었다. 태양기에 생명이 되고 월기에 빛이 되었다. 이처럼 인간은 신령존재의 작용 하에 세 가지 행성단계를 통과했는데, 그 통과를 통해 만들어진 인간의 존재 부분은 지구기에 이르러 자아를 얻었다. 마치 일종의 씨앗처럼 월기에서 지구기에 하나의 존재가 찾아오게 되고, 그 존재는 신적 언어에서 생성된 육체와 신적 생명에서 태어난 에테르체와 신적인 빛에서 생겨난 아스트랄체로 구성되어 있었다. 이 존재의 내부에 지구기에 이르러 자아의 빛이 점화되었다. 육체, 에테르체, 아스트랄체라는 삼중의 인체는 스스로의 내부에서 '나는 나다'라고 말할 수 있게 되었다. 그런 의미에서 지구기의 진화는 '나는 나다'의 진화, 인간 자의식의 진화라 할 수 있다. '나는 나다'라는 것, 자기의식화의 능력은 지구기의 인류 진화과정 속에서 천천히 나타났다. 지구기의 진화가 어떠한 것이었는지, 자기의식화의 작용인 자아가 진화과정에서 어떻게 천천히 나타나기에 이르렀는지, 우리는 그것을 뚜렷이 의식하지 않으면 안 된다. 지구기에는 레무리아기라 불리는 시기가 있었다. 지구상에서 인간이 처음으로 오늘날과 같은 모습으로 나타난 시대이며 우리의 가장 내적인 본성인 자아가 아스트랄체와 에테르체와 육체 속에 처음으로 깃든 시대였다.

　이어서 아틀란티스기에 이르렀다. 이 시기의 인간 대부분은 오늘날의 대서양 해저에 잠긴 고아틀란티스 대륙에 살았고 , 이 대륙은 대홍수로 몰락했다. 이런 역사의 기억은 거의 모든 민족의 홍수전설 속에 남아 있다. 인간은 이어지는 지금 시대인 후아틀란티스기에 이르기까지 그 깊은 내적 본성을 간직한 채 윤회전생을 거듭했다. 사실상 우리의 혼은 레무리아기에 이르러 처음으로 육체, 에테르체, 아스트랄체로 이루어진 삼중의 본성에 깃든 것인데, 그 이전 일은 나중에 살펴보기로 하겠다.

레무리아기의 견령의식(見靈意識)

진화과정을 고찰하려면 아주 멀고 먼 과거로 거슬러 올라가야 한다. 인간은 아주 느리게 오늘날의 모습으로 진화했다. 신지학에서는 '지금의 삶의 방식'을 뭐라고 부를까?

　지금의 삶의 방식을 신지학에서는 '아침에 눈을 뜨고 밤에 잠들기까지의 의식상태'라 부른다. 이 상태의 인간은 외적인 신체

감각들로 주변 사물을 지각한다. 밤에 잠이 들 때부터 아침에 눈을 뜨기까지의 인간은 주변 사물을 지각하지 않는다. 왜일까? 현재의 진화단계에 속한 인간은 본래의 내적 인간인 자아와 아스트랄체가 물질적인 육체와 에테르체 속에 존재할 때 그 감각기관을 사용하여 세계 속으로 들어가서 보고 듣고 지각한다. 그러나 밤에 잠이 들어 아침에 눈을 뜨기까지 자아와 아스트랄체는 물질계를 벗어나기 때문에 눈과 귀에서 분리되어 주위를 지각할 수 없다. 이러한 각성 때와 수면 때의 교체는 천천히 일어났다. 레무리아기의 인간이 처음으로 육체에 깃들 즈음 자아와 아스트랄체는 오늘날처럼 장시간이 아니라 하루 가운데 아주 짧은 시간만 육체에 머물러 있었다. 장시간 육체의 바깥에 있고 잠깐 육체 속에 머물렀다. 그러므로 레무리아기의 인간생활은 지금과 완전히 달랐던 것이다.

밤에 꿈이 없는 잠에 빠져 완전히 의식을 잃어버린 상태는 아주 천천히 일어났다. 당시의 인간은 누구든 어두운 견령의식을 가지고 있었다. 밤에 육체의 바깥으로 나가 영계에 머물 때의 의식은 이를테면 오늘날 각성 때의 인간이 사물을 볼 때처럼 밝지는 않았더라도 뚜렷하게 주위에서 영계를 지각할 수 있었다. 이 지각을 오늘날의 꿈과 단순히 비교할 수는 없다. 오늘날의 꿈은 당시의 각성이 완전히 퇴화한 최후의 흔적에 지나지 않는다. 물론 오늘날의 꿈속에서 지각할 수 있는 이미지를 당시의 인간도 지각할 수 있었다. 그러나 그 이미지는 아주 현실적인 의미를 가지고 있었다. 그것이 어떤 의미를 가졌는지 여기서 확실히 해 두자.

태곳적 인간은 24시간 가운데 약간의 시간만 각성 때의 의식을 가지고 있었다. 그 동안은 외적인 물체를 아주 희미하게 안개에 감싸인 듯이 보았다. 오늘날처럼 주변 사물을 보기에 이르기까지는 오랜 시간이 필요했다. 태곳적 인간은 낮에도 안개에 감싸인 듯이 물체를 보았다. 안개 깊은 저녁나절 거리를 걸어갈 때 가로등 불빛이 마치 빛의 아우라처럼 보이듯이. 당시 사람들의 눈에는 주위 사물이 그처럼 뿌옇게 보였던 것이다. 그리고 잠을 잘 때는 의식을 잃어버리지 않았고 색과 형태를 가진 이미지를 체험했다. 그 이미지 세계에 비교한다면 오늘날 우리가 드물게 꾸는 생생한 꿈의 세계도 안개에 감싸인 여운 같은 것에 지나지 않는다. 그 시대의 이미지는 주위에 존재하는 신적이며 영적인 존재를 가리키는 것이었다.

그 즈음의 인간은 긴 밤의 수면여행 중에 해를 끼치는 존재가 자신에게 다가올 때 그 존재를 오늘날의 인간이 낮에 물질을 보듯 보지 않았다. 다가오는 사자를 색깔과 형태의 이미지로 보았다. 그 이미지는 '너에게 해를 끼치는 것이 저기 있다, 그것이 너를 씹어 먹을 것이다, 빨리 도망쳐'라고 가르쳐 주었다. 그것은 주위에 일어나는 영적 혼적인 사상의 정확한 모상이었다. 영적 · 혼적 사상은 모두 밤에 볼 수 있었다. 그 후 진화과정에서 인간은 점점 오랜 시간 육체 속에 깃들 수 있게 되었다. 밤이 점점 짧아지고 낮은 점점 길어졌다.

육체 속에 머무는 시간이 길어지면 질수록 밤의 견령적인 이미지는 사라지고 오늘날처럼 일상의식이 뚜렷이 나타나게 되었다.

그러나 우리는 반드시 알아 두어야 한다. 지구기의 인간이 획득해야만 하는 진정한 자기의식은 육체 속에 깊이 잠겨듦으로써만 가능하다는 것이다. 예전의 인간은 독립된 존재로서가 아니라, 스스로를 자신이 거기서 출발한 신령존재의 한 가지로서 느꼈다. 손이 자신을 생체의 한 가지로 느끼듯이 어두운 견령 능력을 가졌던 그 즈음의 인간은 자신을 신령의식 – 신적 자아의 일부분이라고 느꼈다. 당시의 인간은 자신에 대해 '나는 나다'라고 말하지 않고 '나는 신이며, 신 속에 내가 있다'라고 말했을 것이다.

지구의 사명 – 예지에서 사랑으로

이야기가 진행되면 점차 이해하게 될 테지만, 어떤 사명이 운명적으로 이 지구에 주어졌다. 지금까지 지구는 토성기, 태양기, 월기라는 세 가지 행성단계를 거쳐 왔다. 우리는 각각의 행성단계를 똑같은 가치를 가진 것으로 공평하게 고찰할 수 있을 것이라 생각하기 쉽다. 그러나 신적인 창조과정에서 이미 한번 존재한 것이 그대로 다시 반복되는 일은 결코 없다. 어떤 행성존재도 특정한 과제를 가지고 있다. 지구는 진화를 이루어야 할 존재들이 사랑의 요소를 최고도로 발달시켜야 한다는 사명을 가지고 있다. 진화의 마지막에 도달했을 때의 지구는 완벽하게 사랑으로 가득 차지 않으면 안 된다. 그렇다면 이 지구가 사랑을 완성해야 할 행성이라는 것은 무엇을 뜻할까?

신지학에서 말하듯 지구기 앞에는 월기가 있었다. 월기라는 행성단계도 고차적인 사명을 가지고 있었다. 예지의 우주, 예지의 행성을 실현해야 한다는 과제였다. 지구기 이전에 우리가 살아가는 행성은 예지의 단계를 거쳤다. 한 가지 단순하고 논리적인 고찰이 이것을 명확히 해준다. 주변의 자연 속에서 다양한 대상을 보라. 단순한 오성으로 바라보는 것이 아니라 심정의 힘으로 바라보자. 그러면 자연 속에 각인된 예지를 온갖 곳에서 발견할 수 있을 것이다. 예지가 일종의 영적 실체로서 모든 대상의 근저에 존재한다. 자연 속의 어떤 것이라도 좋으니 어떤 대상을 관찰해 보자. 이를테면 대퇴골을 보자. 잘 알듯이 대퇴골은 단순히 커다란 막대기가 아니라 멋들어지게 결합된 구조체이다. 대퇴골이 인체의 상반신을 지탱하기 위해 최소한의 소재로 최대한의 힘을 발휘할 수 있게 구성되었음을 알 수 있다. 현대의 토목기술도 이렇게 절묘한 조직을 만들어 낼 수 없다. 거기에는 모든 것을 관통하는 예지가 작용하고 있다. 시간의 흐름 속에서 인간은 지구에 스며든 신의 예지를 내적으로 획득하게 될 것이다.

예지는 월기에 준비되었다. 그리고 지금 이 지상의 모든 곳에서 그것을 찾아 볼 수 있다. 그와 같은 의미에서 지구기에는 사랑이 준비되는 것이다. 월기를 영적인 눈으로 살펴보면 당시의 모든 사물 속에 그런 예지가 반드시 존재하지 않았음을 알 것이다. 어떤 종의 사물은 아직 예지를 나타내지 못했다. 월기의 진화과정 속에서 예지가 사물 속에 스며들어 갔다. 그리고 그 진화가 달성되었을 때 모든 사물에 예지가 스며들게 되었던 것이다.

내적인 예지는 지구기에서 자아를 가진 인간 속에 스며들었다. 그러나 인간은 천천히 그 내적 예지를 키워나가야 한다. 예지는 월기에 진화를 이루었다. 그리고 그 예지는 지금은 사물 속에 존재한다. 그처럼 지금은 사랑이 진화되어가고 있다. 처음에 그것은 낮은 차원의 감각적인 형식을 띠고 레무리아기에 나타났다. 그러나 거기서부터 점점 영화를 계속하여 마지막으로 지구기가 종말을 맞이할 때, 지구의 존재 전체가 사랑으로 가득 차게 될 것이다. 그리고 그것은 그 과제를 달성해야 할 인간의 활동에 의해서만 성취될 수 있다.

이러한 지구기는 다음의 행성상태인 목성기로 나아간다. 목성기를 살아가는 존재들은 모든 사물 속에서 사랑이 넘쳐나는 것을 알게 될 것이다. 그 사랑은 지구기의 우리 인간이 스스로 사물 속에 새겨 넣은 것이다. 오늘날의 인간이 자신 속에서 예지를 끌어내듯이 목성기 인간은 자신의 내부에서 사랑을 펼쳐낼 수 있을 것이다. 장엄한 우주의 사랑이 그때 모든 사물 속에 침투하게 될 것이다. 그러한 사랑이 지금 지구기에 존재하기 시작한 것이다.

유물론적 감각은 우주의 예지에 대해 알려 하지 않고 오로지 인간의 예지만을 믿는다. 우리가 편견을 버리고 진화과정을 바라본다면 모든 우주의 예지는 인간의 예지가 지구기의 끝자락에 도달하기 전에 이미 이루어졌다는 것을 알게 된다. 지금 시대보다 더욱 적절하게 이름을 붙일 줄 알았던 시대 사람들은 인간의 내부에 활동하는 주관적 예지를 우주의 객관적 예지에 대비하여 '지성'이라 하였다. 인간이 지구기에서 행하는 발명과 발견의 모든 것은 이미 월기 동안 신령존재들에 의해 소유되었고, 지구기에 이식되었다. 인간은 그것을 전혀 생각하지 않는다. 한 가지 예를 들어보자.

이를테면 인류의 위대한 발명품인 종이에 대해 학교에서 어떻게 가르치는가. 꿀벌들은 몇 천 년 전부터 종이를 만들어 왔다. 벌집은 종이와 같은 성질의 소재로 만들어진다. 만드는 방식도 종이와 같다. 다만 그것은 생명과정에 의해 만들어진다. 신령존재의 일부분인 벌의 영, 벌의 혼은 이미 저 먼 옛날부터 종이의 발명자였다.

그처럼 인간은 본래 우주예지의 흔적을 손으로 더듬으며 탐구했다. 원칙적으로 말하자면 인간이 지구기에 발명하게 될 모든 것은 이미 자연 속에 포함되어 있다.

그러나 인간이 진정으로 이 지구에 가득 채워야 할 것은 사랑이다. 보다 감각적인 것으로부터 보다 영적인 것으로 발전시켜야 할 사랑이다. 이것이 지구기 인간에게 주어진 과제이다. 지구가 사랑의 우주가 되는 것이다.

사랑의 요건

그렇다면 사랑을 이루기 위해서 무엇이 필요할까? 어떤 존재가 다른 존재를 사랑하게 되기 위해서는 무엇이 필요한가. 그 존재가 완벽한 자기의식을 가지고 완벽하게 독립되어야 한다. 만일 사랑이 다른 존재에 대한 자유로운 선물이 아니라고 한다면 완전한 의미에서 사랑이라 할 수 없다. 내 손은 내 몸을 사랑하지 않는다. 독립하여 다른 존재로부터 분리되어 있는 존재만이 다른 존재를 사랑할 수 있다. 그러기 위해서 인간은 자아를 가진 존재가 되지 않으면 안 된다. 지구가 사랑의 사명을 인간을 통해 성취하기 위해서 자아는 삼중의 인체 속에 이식되어야 했다. 그러므로 그리스도교 신비주의의 의미에서 월기의 예지를 포함한 다른 모든 능력이 신들의 손으로 이식되었던 것처럼, 지구기에 사랑이 지구에 이식되었을 때 그 사랑의 담당자는 지구기에 형성된 자립적인 자아여야 한다. 인간의 능력은 어떤 경우에도, 그리고 오늘의 의식이 형성될 때도, 천천히 시간을 들여 준비되어야 한다. 만일 레무리아기의 인간이 즉각적으로 육체 속에 깃들었다고 한다면 바깥의 현실에는 잘 대응할 수 있었을 테지만 급속한 진화과정에서 사랑을 받아들일 여유는 없었을 것이다. 그러기에 인간은 지구기에서 천천히 자신의 사명을 수행해 나가지 않으면 안 되는 것이다.

사랑의 첫 씨앗

완전한 자기의식을 가지기 이전에, 그러니까 밝은 일상의식으로 주위 대상을 지각하기 어려운 어두컴컴한 의식을 가졌던 인간은 무의식적으로 사랑에 관한 최초의 수업을 받았다. 인간이 아직 태곳적 꿈과 같은 견령 의식을 가지고 있었을 즈음, 또는 혼이 오랜 시간 몸 바깥으로 나갈 수 있었을 즈음에 아직 자기의식을 갖지 않은 어두운 의식상태의 인간에게 사랑이 심어진 것이다. 아직 완전한 자기의식을 이루지 못한 태고의 인간을 떠올려 보자.

그 사람도 밤에 잠을 잔다. 그러나 각성과 잠이 뚜렷이 구별되지 않는다. 생생한 꿈의 이미지가 나타난다. 그러나 그것은 영계와의 생생한 관계를 나타내는 것이다. 인간은 잠을 자면 영계에

들어가고, 신령이 그의 어두운 의식 속에 사랑에 관련된 활동의
씨앗을 뿌린다. 지구기의 과정에서 사랑으로 실현되어야 할 것이
밤의 시간 가운데 인간에게 주어졌다. 사명을 지구인에게 부여하
는 신은 밤의 어두운 견령 의식 앞에 자신을 선명하게 나타낸다.
밝은 일상의식 앞에 자신을 뚜렷이 드러내기 이전에. 이어서 어두
운 견령 상태 속에서 지내는 시간이 조금씩 단축되고 낮의 의식이
점점 오랜 시간에 걸쳐 나타나게 되면, 대상을 둘러싼 아우라의
테두리가 점점 흐려지면서 대상은 점점 뚜렷이 윤곽을 드러낸다.
이전의 인간은 태양이나 달을 거대한 테두리를 가진 존재로 보았
다. 모든 것이 안개 속에서 보는 듯했다. 전체의 광경이 조금씩 투
명해지고 사물에 두렷한 윤곽이 드러난다. 이런 상태는 천천히 일
어났다. 태양이 지상에 빛을 쏟아 붓고 그 빛을 통해 외적 존재전
체, 광물, 식물, 동물이 인간 앞에 선명하게 모습을 드러낼 때, 인
간은 그 모습을 신적인 것이 바깥 세계에 펼쳐진 것이라 여겼다.

　그리스도교 신비주의의 의미에서 말하자면, 밝은 각성의식이
보는 지상의 사물들은 신적인 힘들의 펼쳐짐이고 내적 영성의 외
화이며 물질화이다. 하늘의 태양을 볼 때도, 지상의 사물들을 볼
때도, 그 모든 것은 신적이며 영적인 것의 펼쳐짐이다. 삼라만상
의 근저에 존재하는 이 신적이며 영적인 것, 가시적 세계의 근저
에 존재하는 이 불가시적 세계를 그리스도교 신비주의는 '로고
스' 또는 '말'이라 불렀다. 마침내 말을 하는 존재가 된 인간을 포
함해서 동물계, 식물계, 광물계의 모든 것은 같은 '말'에서 태어났
다. 모든 것은 로고스의 물체화이며 외화이다. 우리의 내부에 작

용하는 불가시적 혼이 바깥에 신체를 만들어 내는 것처럼 우주에서 혼적인 모든 것도 그 자신에게 잘 어울리는 외적인 몸을 만들어내고 물질을 통하여 스스로를 드러낸다.

로고스와 햇빛

지금 우리가 다루는 요한복음서의 '로고스'는 도대체 어디에 그 물질적 실체를 가지고 있을까? 그것은 햇빛 속에 있다. 햇빛은 물질적인 빛만이 아니다. 영적으로 볼 때 우리의 외적 신체가 혼의 의상이듯 햇빛은 로고스의 의상이다.

일상 속에서 태양을 대할 때처럼 인간을 대한다고 한들 그 사람을 안다고 할 수 없다. 사고하고 느끼고 의지를 가지는 인간을 무시하고 보고 만지기만 한다면 그 인간은 점토 인형이나 마찬가지다. 햇빛 속의 영적인 것을 알려고 한다면 인체만이 아니라 그 내면을 알려고 할 때와 똑같은 태도를 가져야 한다. 햇빛과 로고스의 관계는 인체와 내적 혼의 관계와 비슷하다. 햇빛 속에서 영적인 것이 지상으로 흘러들어 온다. 그때 우리가 태양의 몸만이 아니라 그 영을 받아들일 수 있다면 , 그 영이 지상으로 흘려보내는 것이 사랑임을 알 수 있을 것이다. 햇빛은 식물을 자라게 하는 물질적인 존재의 역할만 하는 것이 아니다. 그것은 신의 뜨거운 사랑을 지상으로 쏟아 붓기도 한다. 인간은 신의 이 뜨거운 사랑을 받아들이고 그것을 발전시키기 위해서 살아가는 것이다. 그러기 위해서 인간은 자기의식적인 자아존재가 되지 않으면 안 된다. 그럴 때만 비로소 그 사랑에 응할 수 있을 것이다.

사랑의 유입

인간이 처음으로 아주 짧은 시간 동안 깨어난 생활을 하게 되었을 때는 아직 빛에서 사랑을 느끼지 못했다. 빛이 어둠 속에서 빛났으나 어둠은 아직 빛을 이해할 수 없었다. 로고스의 사랑인 이 빛이 아주 조금만 깨어 있을 때 작용하지 않았더라면, 그 사랑의 빛은 인간에게 받아들여지지 않고 끝나버렸을 것이다. 그러나 태곳적 인간의 어두운 견령적 꿈의 의식 속에서도 사랑이 흘러들었다. 그리하여 지금 우리는 만상의 배후에서 위대한 우주의 비의를 볼 수 있게 된 것이다.

어떤 시기에 이르러 무의식적으로 어두운 견령의식을 통해 인간에게 사랑이 흘러들었다. 그것은 밝은 각성의식 속에서 사랑을 살릴 수 있게 하기 위해서였다. 이것은 우주예지가 지구를 이끌어 준 결과이다.

우리 지구는 점차로 사랑의 사명을 실현하기 위한 코스모스가 되어 간다. 지구는 지금 태양 빛을 받는다. 그 태양에는 인간이 지구에 거주하면서 점차로 사랑을 몸에 익힐 수 있게끔 작용하는 고차적인 존재들이 거주한다. 태양은 고차적 존재단계에 이르렀다. 인간이 지구의 주민이란 것은 그가 지구기에 사랑을 획득하는 존재임을 말한다. 그리고 태양의 주민이라는 것은 사랑의 불을 지펴 그것을 흘려보내는 존재라는 뜻이다. 만일 태양의 주민이 햇빛과 함께 풍성한 예지를 지구에 보내지 않았더라면 지구의 주민은 사랑을 받아들여 그것을 키워나갈 수 없었을 것이다. 햇빛이 지구에 비침으로써 이 땅에 사랑의 작용이 피어난다. 사랑을 흘려보낼 수 있는 고차적인 존재들은 태양을 스스로의 활동무대로 삼고 있다.

야훼와 여섯 엘로힘

월기가 그 진화를 끝냈을 때, 사랑을 유출할 수 있는 일곱의 신적인 존재가 있었다. 지금 우리들은 신지학이 밝히는 깊은 비밀에 접하고 있다.

지구기의 처음에 아직 유아기 상태의 인간이 존재했다. 그 인간은 앞으로 사랑을 받아들이고 자아를 갖지 않으면 안 된다. 한편 태양은 분리되어 한층 고차적인 존재로 고양되었다. 빛의 영이며 사랑의 유출자인 일곱 신들은 그 태양에서 진화할 수 있었다. 그러나 그 가운데 여섯 신령들만이 태양에 거주하였다. 지구로 비치는 햇빛 속에는 이 여섯 가지 빛의 영들, 다시 말해 성서에서 말하는 여섯 엘로힘의 사랑의 힘이 깃들어 있다. 한편 일곱 번째 영은 인류를 구제하기 위한 다른 길을 선택하여 달을 거주지로 삼았다. 스스로의 의지로 태양을 떠나 달을 선택한 빛의 영이 구약성서에서 말하는 '야훼' 또는 '여호와'이다. 이 영은 달에서 풍성한 예지를 지상으로 흘려보내며 그것으로 사랑을 준비했다.

만상의 배후에 존재하는 이 비의에 눈을 돌려보자. 밤의 세계는 아직 달의 것이다. 이것은 인간이 아직은 햇빛을 통해 태양에게서 사랑의 힘을 받아들일 수 없었던 태곳적 시대에 잘 맞았다. 밤, 태고의 인간은 풍성한 예지의 힘을 달빛으로 받아들였다. 밤의 의식이 계속되는 동안 반사된 달빛을 통하여 그 힘이 인간에게로 흘러들었다. 그러므로 야훼를 밤의 지배자로 불렀다. 그는 언젠가 낮

의 의식 속에 사랑이 나타나게끔 준비하였다. 태곳적에 태양이 상
징하는 영적인 과정과 달이 상징하는 영적인 과정이 동시에 일어
났다.

　밤의 달은 반사된 태양의 힘을 인간에게 보냈다. 그것은 태양이
우리에게 보내는 것과 똑같은 빛이다. 야훼 또는 여호와가 여섯
엘로힘이 가진 풍성한 예지의 힘을 반사한 것이다. 그 힘을 잠들
어 있는 인간에게 흘려보내 언젠가 각성의식의 시간에 사랑의 힘
을 서서히 받아들일 수 있게 준비했던 것이다.

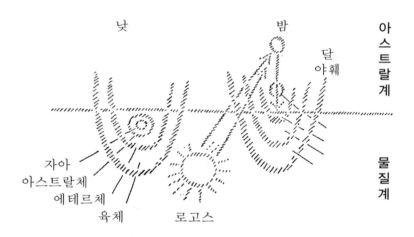

　위 그림의 왼쪽은 태곳적 각성 때의 인간을 상징적으로 나타낸
다. 육체와 에테르체는 신적인 것에 의존하고, 자아와 아스트랄체
는 지상에서 그 육체와 에테르체 속에 존재한다. 태양은 바깥에서

이 인간을 비춘다. 한편 오른쪽의 밤을 보자. 당시의 밤은 지금보다 훨씬 길고 큰 영향력을 발휘했다. 아스트랄체와 자아는 육체와 에테르체의 바깥에 있었다. 자아는 완전히 아스트랄계 속에 있고, 아스트랄체 일부분은 바깥에서 육체 속에 잠겨들었는데, 아스트랄체 전체는 영적이며 신적인 것에 속해 있었다. 이 경우, 태양은 인간의 아스트랄체를 직접 비추면서 그 속에 사랑의 힘을 흘려보낼 수 없다. 그래서 달이 햇빛을 반사하여 야훼 또는 여호와를 통해 작용한 것이다. 달은 야훼의 상징이며 태양은 로고스인 나머지 여섯 엘로힘의 상징이다. 이 그림을 상징적으로 받아들이고 그것이 암시하는 바를 연구하고 명상해 보기를 바란다.

이 그림을 잘 살펴보면 오랜 시간에 걸쳐 야훼를 통한 사랑의 힘이 인간의 밤 의식에 이식되었다는 심오한 비의의 진실된 표현을 찾아낼 수 있을 것이다. 이렇게 하여 인간은 로고스의 사랑의 힘을 받아들일 수 있게끔 준비된 것이다. 그것이 어떻게 가능했을까? 그것은 어떻게 일어났을까? 이런 물음과 함께 우리는 비의의 또 다른 측면을 볼 수 있을 것이다.

'말이 살이 되었다'

인간은 자기의식적인 사랑을 실현하기 위해 지상세계를 살아간다. 그러므로 인간의 밝은 의식은 하나의 지도자를, 즉 감각에 의해 지각할 수 있는 스승을 가져야 한다. 밤 동안 인간은 어두운 의식 상태에서만 사랑을 받아들일 수 있었다. 그러나 바깥에서 물질적인 방식으로 사랑의 본질을 인간에게 보여줄 수 있는 존재가 있

어야 한다. 그것은 어떻게 가능하게 되었을까? 로고스라는 신적
사랑의 본질이 지상의 존재가 됨으로써 가능해진 것이다. 그것은
인간의 감각을 통하여 지각할 수 있는 육체를 가진 존재여야만 한
다. 그러기 위해서 신적인 로고스가 스스로 그러한 감각적 존재가
되어야 한다. 이것은 예수 그리스도에 의해 가능해졌다. 예수 그리
스도라는 역사적 존재는 여섯 엘로힘 그 자체인 로고스의 힘이 2
천 년 전에 나사렛의 예수에게 깃든 결과였다. 로고스의 힘이 예수
속에서 눈에 보이는 형태로 나타난 것이다. 이것이 중요하다.

　태양의 내적 힘인 '로고스의 사랑'의 힘이 나사렛의 예수라는
신체 형태로 나타났다. 다른 외적 대상이나 존재와 마찬가지로 신
이 인간의 감각의식을 위해 외적 신체 형태를 띠고 지상에 나타났
다. 그러므로 예수 그리스도는 로고스인 여섯 엘로힘이 깃든 모습
그 자체이며, 야훼라는 신이 그것을 준비했다. 그리스도, 로고스
가 깃든 나사렛의 예수가 지금까지는 태양에서 지구로 비친 햇빛
속에만 포함되어 있던 것을 인간생활 속에, 인류사에 끌어들인 것
이다. '언어는 살이 되었다' 요한복음서는 여기에 가장 큰 가치를
두었던 것이다.

그리스도교 신비주의와 그노시스파의 차이

요한복음서의 작자는 이런 사실에 최고의 가치를 두었다. 실제로
비의에 입문한 그리스도의 제자 몇은 그 본질을 이해했다. 그러나
그 후 아무도 이것을 완전히 이해할 수 없게 되고 말았다. 모든 물
질존재의 배후에 영적이며 혼적인 존재가 작용한다는 것은 이해

했지만, 이 세상의 한 인간 속에 로고스 그 자체가 한번 깃들었다
는 사실은 이해하지 못했다. 이런 점에서 그 후의 몇 세기 동안 이
른바 '그노시스'와 진정한 그리스도교 신비주의가 구별된다. 요
한복음서의 작자는 강렬한 언어로 다음과 같이 말한다. '그렇지
않다. 그리스도를 물질의 근저에 존재하는 초감각적, 불가시적인
존재로 보아서는 안 된다. 언어가 살이 되어 우리와 함께 살아갔
다는 사실이 중요하다'

　이것이야말로 그리스도교 신비주의와 본래의 그노시스 사이에
존재하는 미묘한 차이점이다. 그노시스는 그리스도교 신비주의
와 마찬가지로 그리스도를 인정하지만 그것을 영적 본성으로 보
았고, 나사렛의 예수 속에 다소 이러한 영적본성과 연결되는 전
도자로서의 인간을 보았을 따름이다. 그노시스는 불가시적인 그
리스도에 집착했다. 그러나 그리스도교 신비주의는 '그리고 말은
살이 되고 우리와 함께 살았다'(1장 14)라는 요한복음서가 말하는
의미를 고수한다. 이 말의 확실한 지반 위에 서서 가시적 세계에
로고스인 여섯 엘로힘이 진정으로 깃들었다고 말하는 것이다.

그리스도의 의의

지상에서 이루어져야 할 지구의 사명이 팔레스티나에서 일어난
사건과 함께 시작되었다. 그 이전은 모든 것이 준비단계였다. 나
사렛 예수의 육체에 깃든 그리스도는 스스로를 어떻게 불러야 했
을까?

　그리스도는 스스로를 자기의식적인 자유로운 인간존재를 가능

하게 하는 존재이며 위대한 부활자라 부르지 않을 수 없었다. 이렇게 살아 있는 그리스도의 가르침을 간결하게 다음과 같이 말할 수 있을 것이다.

"지구는 인간에게 완전한 자기의식 '나는 나다'를 주기 위해 존재한다. 그 이전의 모든 것은 이러한 자기의식, '나는 나다'를 위한 준비에 지나지 않았다. 그리고 그리스도는 모든 인간이 제각기 개별적인 존재로서 '나는 나다'를 느낄 수 있는 충동을 부여하는 존재이다"

지금 처음으로 지상의 인간으로 하여금 압도적인 힘으로 앞으로 나아가게 하는 충동이 주어진 것이다. 이것은 그리스도교와 구약의 가르침을 비교하면 명백히 드러난다. 구약 속의 인간은 스스로의 인격 속에 '나는 나다'를 완전히 느끼지 못했다. 아직 고대적 꿈 의식의 흔적을 가졌기에 스스로를 자기라고 느끼지 않고, 오늘날의 동물이 집단혼의 한 줄기이듯 신적 존재의 한 줄기라 느꼈다. 집단혼으로부터 독립한 개별적인 존재가 되는 것, 각자가 스스로의 내부에서 '나는 나다'를 느끼는 존재가 되는 것, 그것이 인간의 진보이다. 그리고 그리스도는 이 자유로운 '나는 나다'의 의식을 인간에게 부여하는 힘이다. 이것의 내적 의미를 개관해 보자.

구약의 신자는 신약의 신자만큼 인격 속에 갇힌 개인으로서 자신을 느끼지 않았다. '나는 개체로서 나다'라고 말하지 않았다. 스스로를 오래된 유대민족 전체 속에 두어 집합적 민족자아라 느꼈다.

이러한 구약의 신자 의식 속에 들어가 보자. 진정한 그리스도교

도는 '나는 나다'를 느끼고, 또 그것을 점점 더 강화하는 방향으로
나아가지만, 구약의 신자는 '나는 나다'라고 느끼지 않았다. 스스
로를 민족 속의 한 가지로 느끼고 민족의 집단혼을 우러러 보았
다. '나의 의식은 민족전체의 아버지 아브라함에 미치고 있다. 나
와 아버지 아브라함은 하나다. 공통의 자아가 우리 모두를 감싸고
있다. 민족의 실질 속에 안주할 때 나는 우주의 영적 본성 속에 보
호되고 있음을 느낀다'

　구약의 신자는 아버지 아브라함을 바라보며 나와 아브라함이
하나라고 말했다. 나의 혈관과 아브라함의 혈관에는 같은 피가 흐
른다고. 아버지 아브라함은 하나하나의 아브라함교도가 그 가지
가 되어 거기서 성장하는 뿌리 같은 것으로 느껴졌다.

　　'나는 나다'

　한편 예수 그리스도는 그의 비의에 참가한 가까운 소수의 사람
들에게 다음과 같이 말했다.

　"지금까지 우리는 살과 혈연에 따라 판단했다. 혈연은 사람이
눈에 보이지 않는 고차적인 관련성 속에 살아간다는 증거였다. 그
러나 그대들은 혈연보다도 영적인 관계를 믿어야 한다. 그대들은
영적인 '근원의 아버지'를 믿지 않으면 안 된다. 이것이야말로 유
대민족을 결합시키는 집단혼보다 더 영적인 근원이다. 모든 사람
의 자아는 거기에 뿌리를 내리고 있다. 그대들은 내 속에 그리고
모든 사람 속에 존재하는 것을 믿어야 한다. 그것은 아브라함과

하나일 뿐만 아니라 신적인 우주근원과 하나인 것이다"

그러므로 예수 그리스도는 요한복음서 속에서 다음과 같이 강조한다.

"아버지 아브라함이 나기 전부터 '나는 나다'가 있었다"
(8장 58)

나의 '근원적 자아'는 아브라함에 이르기까지 아버지의 원리와 하나라는 것만을 뜻하지 않는다. 그 자아는 전 우주에 맥박 치는 것과 하나이다. '나'의 영성은 거기에까지 이르는 것이다.

"나와 아버지는 하나이다"(10장 30)

우리는 이 중요한 말을 깊이 느껴야 한다. 그러면 예수 그리스도의 출현에 의해 주어진 그 충동에 의해 인류를 진화하게 하는 그 힘을 느낄 수 있을 것이다. 예수 그리스도는 '나는 나다'를 살아 숨쉬게 한 위대한 존재였다. 잠깐 그와 친밀한 비의 참가자들의 말에 귀를 기울여 보자. 그들은 나타난 일들에 대해 다음과 같이 말했다.

"그 분은 처음으로 '나는 나다'의 완전한 의미를 이 세상에 드러냈다. 지금까지 이 세상에 살아 온 어떤 사람도 '나는 나다'라는 말에 이렇게나 잘 어울리는 사람은 없었다"

그러므로 그들은 '나는 나다'야말로 예수 그리스도의 이름이라고 말했다. 가장 친밀한 비의 참가자들은 그 이름으로 자신들이 서로 연결됨을 느꼈다. '나는 나다'라는 이름으로.

예수, 세상의 빛

그러므로 우리는 요한복음서의 가장 중요한 내용 속에 깊이 젖어 보아야 한다. '나는 세상의 빛이다'라고 말하는 8장을 읽을 때는 그것을 말 그대로 완전한 언어적 의미 그대로 받아들여야 한다. 처음으로 살 속에 나타난 '나는 나다'란 과연 무엇일까. 그것은 햇빛 속 로고스의 힘으로 지상에 흘러들어온 것과 같은 것이다. 8장 13의 시작 부분에 통상 '예수, 세상의 빛'이라는 제목이 붙는다. 그것은 '나는 나다'의 심오한 진실을 바꾸어 말한 것이다. 이 장을 읽을 때 '나' 또는 '나는 나다'의 이름 아래 비의 참가자들이 서로 결합되었다는 것을 알아 두자. 그러면 8장을 이해할 수 있고 이를 테면 다음과 같은 해석이 가능해지는 것이다.

"그때 예수는 제자를 향해 다음과 같이 말했다. '나는 나다'라고 스스로에게 말할 수 있는 자야말로 세상의 빛의 힘이다. 내 뒤를 따르는 자는 어둠 속을 걷는 자에게는 보이지 않는 것을 밝은 낮의 의식 속에서 볼 것이다"

그렇지만 바리새 사람들은 오래된 신앙에서 벗어나지 않아 밤의 의식 속에서 사랑의 빛을 인간에게 심을 수밖에 없었다. 이 사람들은 다음과 같이 대답할 것이다.

"당신은 '나는 나다'를 내세우겠지만 우리는 아버지 아브라함을 내세운다. 그렇게 함으로써 우리는 자기의식적인 존재로 살아가기에 적합한 힘을 느낀다. 아버지 아브라함에 이르는 공통의 자아 근원 속에 잠길 때 내 속에서 힘을 느낀다"

"예수는 말했다. 내가 말하는 의미에서 '나'에 대해 말할 때야말로 그 증거는 진실이 된다. 왜냐하면 이 '나'는 아버지에게, 우주의 공통적 근원에서 유래하며 자신이 앞으로 어디로 갈지를 알기 때문에"(8장 14)

이어서 8장 15의 중요한 말을 만날 수 있다. 이 부분은 다음과 같이 번역되어야 할 것이다.

"당신은 모든 것을 살에 의해 판단한다. 그러나 나는 살 속의 사소한 것을 높이 평가하지 않는다. 내가 판단할 때 나의 판단은 진실이다. 왜냐하면 자아는 그 스스로 존재하는 것이 아니라 자아의 아버지와 연결되어 있으므로"(8장 15-6)

이것이 이 구절이 뜻하는 바이다. 이렇게 온갖 곳에서 공통의 아버지가 시사되어 있다. 아버지 개념에 대해서는 보다 상세하게 다루어 볼 생각이다. 이렇게 생각해 볼 때 '아버지 아브라함이 나기 전부터 나는 나였다'가 그리스도교 가르침의 진수를 내포한다는 것을 알 수 있다.

오늘 우리는 외적인 방식으로 이해하는 것보다 더 깊이 요한복음서의 말 속으로 들어가 보았다. 그 말을 영적 예지로 해석해 보았다. 이 중요한 말들은 그야말로 그리스도교의 본질을 드러내는 것이다. 복음서의 핵심을 이루는 이런 근원의 말을 이해함으로써 우리는 요한복음서 전체를 밝음 속에 드러낼 수 있다. 이상은 그리스도교 신비주의가 전하는 교의이다. 요한복음서 작자는 우리

가 말하는 듯한 방식으로 이 가르침을 적고 그 의미를 진정으로
비의에 입문하기를 원하는 후세 사람을 위해 남겨두었던 것이다.
어떻게 하면 그것을 더 깊이 체험할 수 있는가는 다음 시간에 다
루기로 하겠다.

제4강
나사로의 부활 (1908년 5월 22일)

성전(聖典)의 구조

세 번의 강의를 통해 요한복음서 속에서 신지학의 진리를 얼마만큼 찾아볼 수 있다는 것을 알았다. 그러나 요한복음서의 말 한 마디 한 마디를 치밀하게 음미하지 않으면 그 진리를 발견할 수 없다. 이 성전에 나오는 한 마디 한 마디를 그냥 있는 그대로 받아들이는 것이 무엇보다 중요하다. 이 성전의 모든 언어는 인간의 사고가 미칠 수 있는 한 가장 높고 깊은 의미를 품고 있다. 그러나 각 장의 한 마디 한 구절뿐만 아니라 구성이나 구조도 중요하다. 현대인은 이런 성전의 성격에 대해 올바른 감각을 갖고 있지 않다. 고대의 저술가들은 보통 우리가 생각하는 것 이상으로 전체적인 내적 구성에 주의를 기울였다. 비교적 역사적으로 가까운 시대의 시인 단테를 살펴보면 이런 사실이 잘 드러난다. '신곡'은 3이란 숫자를 기본으로 하여 모든 것이 건축물처럼 구성되어 있다. 그리고 각 장 끝에 '별들'이라는 말이 사용되는 것도 이유가 있다. 이것은 고대 저술가들이 문장을 법칙에 따라 구성한 하나의 예에 지나지 않는다. 위대한 성전은 수미일관 그 구조를 결코 잊는 법이 없다. 왜냐하면 그 구조에 큰 의미가 있기 때문이다. 따라서 이것이 무엇을 뜻하는지를 우선 밝혀 보아야 한다.

먼저 요한복음서 10장의 마지막 부분에 주목해 보자. 그 41은 이렇게 되어 있다.

> "많은 사람이 예수에게 와서 말했다. 요한은 아무런 표적을 보이지 않았음에도 그가 이 사람에 대해 말한 것은 모두 진실이었다"

10장의 이 부분은 세례 요한이 예수 그리스도에 대해 말한 것이 진실임을 시사한다. '말한 것이 모두 진실'이라는 특별한 말로 그것이 표현되어 있다. 이어서 요한복음서의 마지막 부분 21장 24에 거기에 대응하는 한 문장이 나온다.

> "이 일을 증거하고 기록한 사람이 그 제자이므로 우리는 이 증거가 진실임을 안다"

정리하자면, 이것을 전하는 자의 증언이 진실이라는 것이다. 여기저기에서 중요한 일들이 같은 말로 표현된다. 그러한 표현의 완전한 일치와 통합은 고문헌에서 결코 무의미하지 않다. 그 일치의 배후에 소중한 뭔가가 감추어져 있다. 그러므로 그 근거로 눈길을 돌릴 때 비로소 올바른 빛 아래서 그것을 고찰할 수 있다.

요한복음서의 한 가운데쯤에서 한 가지 사실이 언급되는데, 이 사실을 이해하지 못하면 애당초 이 복음서를 받아들일 수 없다. 진리의 증거를 뒷받침하기 위해 언급된 부분에 이어서 나사로 부활의 장이 나온다. 나사로 부활의 장에 이르러 요한복음서 전체는 두 부분으로 나뉜다. 그 전반의 마지막 부분에 예수 그리스도의 존재를 주장하고 그 증거를 뒷받침하는 세례 요한의 증언이 있다. 그리고 후반부, 나사로 부활의 장 이후의 모든 내용이 '주가 사랑한'(13장 23) 제자의 증언이라 보아야 한다. 도대체 '나사로 부활'에는 어떤 의미가 내포되어 있을까.

　나사로 부활 이야기에 이어서 수수께끼 같은 한 마디가 나온다. 상황 전체를 떠올려 보자. 예수 그리스도는 보통의 의미에서 기적을, 복음서가 말하는 '징표'를, 다시 말해 나사로 부활을 실현한다. 그런 다음에 '이 남자는 많은 징표를 행했다'(11장 47)라는 의미의 말이 몇 군데 나오고 거기에 이어 이러한 징표 때문에 고소인들이 그와 모든 관계를 끊으려 했음을 암시한다. 나는 '신비적 사실로서 그리스도교' 가운데서 이것을 시사한 바 있는데, 여러 가지 뉘앙스로 번역되는 이 말을 읽어보면 '도대체 그 근저에 무엇이 있는가?'라고 묻지 않을 수 없다. 어떤 인간을 부활시킴으로써 사람들로 하여금 그리스도를 적대시하게 만들었다. 적대자들은 왜 나사로 부활에 그렇게나 격앙했을까. 왜 거기서부터 박해가 시작되었을까.

　올바르게 읽는다면 이 부분에 한 가지 비밀이 감추어져 있음을 알 수 있을 것이다. 배후에 숨은 그 비밀은 요한복음서의 저자가 진정 누구인지, 요한복음서의 모든 것을 도대체 누가 말한 것인지를 전하려 하는 것이다. 이것을 이해하기 위해서는 고대의 '비의 입문' 과정으로 눈길을 돌리지 않으면 안 된다. 고대의 비의입문은 어떻게 행해졌을까?

고대의 비의입문

비의에 입문한 사람은 스스로 영계를 체험하게 된다. 그러므로 영계의 증인이 될 수 있다. 비의를 전수하기에 적합한 사람은 비의에 입문하도록 허락받는다. 그리스, 칼데아, 이집트, 인도 그 외 세상의 모든 곳에 그러한 비의가 존재했다. 입문자들은 거기에서 새삼 우리가 배우는 신지학의 내용을 오랜 시간에 걸쳐 학습했다. 그리고 충분히 배우면 자신을 바라보는 눈이 열리는 것이다. 그러나 거기에 이르기 위해서는 육체, 에테르체, 아스트랄체, 자아 모든 것이 특별한 상태로 변해야 한다. 비의에 입문하는 사람은 거기에 정통한 스승의 지도에 따라 사흘 반 동안 가사상태에 빠져들었다. 다음과 같은 이유로 그런 과정에 행해진다.

현재의 진화기에서는 사람이 보통의 의미에서 잠을 자면 그 육체와 에테르체는 자리에 누워 있고 자아는 아스트랄체와 함께 바깥으로 나간다. 그때는 주위의 영적 사실을 지각할 수 없다. 왜냐하면 그 아스트랄체는 아직 영적 지각기관을 갖지 않아 주위 세계를 지각할 수 없기 때문이다. 아스트랄체와 자아가 다시금 육체와 에테르체 속에 스며들어 다시 눈과 귀를 사용할 수 있게 될 때 비로소 물질계가 환경세계로서 지각된다. 입문하는 사람은 학습에 의해 아스트랄체의 영적 지각기관을 작동시킬 수 있게 된다.

　아스트랄체의 지각기관이 육성되면 아스트랄체는 변용하여 스스로를 에테르체에 마치 도장을 봉인에 찍듯 찍어두어야 한다. 이것이 중요하다. 비의 전수의 준비는 모두 아스트랄체를 변화시키는 데 필요한 내적과정에 몰두하는 것이다. 인간은 예전에 오늘날과 같은 눈과 귀를 갖지 않았고, 빛에 노출되지 않은 동물이 눈을 갖지 않은 것처럼 외적 감각기관이 형성되지 않은 시기를 지나왔다. 빛이 눈을, 소리가 귀를 만들었지만, 명상과 집중의 행법을 통해 내적으로 체험되는 일이 눈에 대한 빛처럼 귀에 대한 소리처럼 몸에 작용하는 것이다. 명상을 통한 집중으로 아스트랄체가 변화하고 고차적인 아스트랄계를 볼 수 있는 인식의 기관들이 생성되는 것이다.

　그러나 그 기관들은 즉각적으로 에테르체에 뚜렷이 새겨지지 않는다. 아스트랄체 속에 형성된 것이 다시 에테르체에 스스로를 새겨 넣을 때 비로소 그 기관들은 확실한 인식작용을 할 수 있게 된다. 그러나 에테르체가 육체 속에 묶여 있는 한 수행으로 획득된 것을 에테르체에 새겨 넣을 수 없다. 그러기 위해서는 에테르체가 육체에서 빠져나와 있어야 한다. 그러므로 에테르체가 육체에서 빠져나오고, 아스트랄체 속에 준비된 모든 것을 그 에테르체에 새겨 넣는 사흘 반의 죽은 듯한 잠이 필요한 것이다. 그렇게 하여 고대인은 영계를 체험할 수 있었다. 그리고 사제이기도 한 도사에 의해 다시금 육체로 돌아왔을 때 자신의 체험에 따라 영계의 증인이 되는 것이다.

　이러한 과정이 예수 그리스도의 출현으로 필요없게 되었다. 지금 그리스도의 힘이 그 사흘 반의 가사상태를 대신한다. 에테르체가 아무리 육체 속에 잡혀 있다 하더라도 아스트랄체가 준비한 것을 그 에테르체에 새겨 넣을 수 있을 만큼의 강력한 힘이 요한복음서 속에 들어 있다. 그러나 현대인이 그것을 누리려면 예수 그리스도의 존재를 받아들여야 한다. 위에서 말한 과정을 거치지 않고 그리스도의 명상행과 집중행만으로 아스트랄체 속에 육성된 것을 에테르체에 새겨 넣을 수 있어야 한다.

이전에는 그것이 비의 속에서 이루어졌다. 즉 입문자는 사제인 도사에 의해 가사상태의 잠 속에서 그것을 부여받고 고차적인 세계로 이끌어졌다. 그리고 다시 도사에 의해 육체로 되돌아오고, 그리하여 입문자는 스스로의 체험을 통해 영계의 증인이 되었던 것이다.

나사로 = 요한의 부활

이 과정은 늘 가장 중요한 비밀이었다. 세상은 비의 과정에 대해 아무것도 몰랐다. 예수 그리스도에 의해 고대의 비의입문 대신에 새로운 입문 방법이 앞으로 말할 그런 힘을 가져다 주었다. 비의입문의 오래된 형식에 종지부가 찍히고 고대에서 새로운 시대로 이행되었다. 그러나 이 이행이 이루어지기 위해서는 누군가를 다시 한 번 고대의 방식으로, 그러나 그리스도적인 비의 속에서, 영계로 들여보내지 않으면 안 되었다. 이것은 예수 그리스도 자신만이 가능한 일이었다. 그 입문자가 바로 나사로라는 인물이었다.

'이 병은 죽음에 이르지 않는다'(11장 4)라고 하였다. 그것은 사흘 반의 가사상태였다. 그것이 명확히 시사되어 있다. 읽어보면 알 수 있듯 비록 베일에 싸인 표현이지만, 그러한 표현의 수수께끼를 풀 수 있는 자의 눈에 그것은 비의입문에 다름 아니다.

나사로는 이렇게 하여 영계에 들어가 영계에 대한 증인이 될 수 있었다. '주는 나사로를 사랑했다'라는 말이 있는데, 이것은 비의에서 중요한 표현이다. 비의에서 '사랑한다'라는 것은 그 자신과 제자의 특별한 관계를 나타낸다. '주에게 사랑받았다'라는 것은 가장 신뢰받고 가장 깊이 비의에 인도된 제자를 말한다. 주 스스로가 나사로를 비의로 이끌었고, 지금 나사로는 묘지에서 즉 비의의 장소에서 비의 입문자가 되었다가 되살아났다. 그리고 '주가 사랑했다'는 말은 뒤에 요한에게 다시 말해 요한복음서의 작자에게도 사용된다. '요한'이라는 이름을 직접 말하지 않고 다만 사랑받은 사도가 요한복음서의 작자라는 것만을 밝히는데, 이 작자가 바로 되살아난 나사로 그이다.

그러므로 요한복음서의 작자는, 나는 주 스스로가 주신 비의의 힘으로 말한다고 밝힌다.

요한복음서의 작자는 나사로의 부활 이전과 그 이후를 확연히 나눈다. 나사로 부활 이전에는 영적 인식에 도달한 옛날의 비의 입문자의 말을 인용하고, 그것이 올바름을 강조한다.

그렇지만 가장 심각한 일이라 할 팔레스티나의 비의적 사실에 대해서는 부활한 그 자신이 말한다.

이렇게 하여 요한복음서의 전반에서는 오래된 요한의 증언이,

후반에서는 주 스스로가 비의로 이끌었던 새로운 요한의 증언이 기록된다. 그리고 후자의 요한이야말로 되살아난 나사로인 것이다. 이렇게 생각했을 때 비로소 11장의 진정한 의미가 드러난다. 거기에는 이런 의미가 나타나 있다.

　"나는 내가 초감각적인 눈으로 본 것을 말한다. 물질계에서 본 것을 말함이 아니다. 주가 나를 비의로 이끌어 준 덕분에 보게 된 영계의 일들을 당신들에게 전한다"

　그러므로 요한복음서의 처음부터 10장 끝까지의 예수 그리스도에 관한 기술은 예수 그리스도가 관계하지 않은 비의 입문자의 인식에 의한 것이다.

　이 말에 대해 여러분은 이런 말을 할지도 모르겠다. - 그러나 지금까지 예수 그리스도에 대한 심오한 말, 육체에 깃든 로고스, 세상의 빛에 대해 강의하지 않았느냐고.

　예수 그리스도에 대한 심오한 말이 이미 처음의 몇 장 속에서 언급된 것은 결코 이상한 일이 아니다. 왜냐하면 고대의 비의에서도 미래에 세상에 나타나게 될 그리스도는 결코 미지의 존재가 아니었기 때문이다. 모든 비의가 여기에 오게 될 일자(一者)에 대해 말하기 때문이다. 애당초 비의입문은 인류의 미래에 그리스도가 스스로를 드러내리란 것을 뚜렷이 인식시키는 목적을 가지고 있었다. 그러므로 세례 요한은 그 당시 이미 알려진 일들만으로도 비의에서 언급되어 온 '그 분'이 예수 그리스도라는 사실을 알았던 것이다.

　전체가 어떤 관련에 놓여 있는지, 세례 요한과 그리스도의 관

계는 어떤 것인지, 그것은 두 가지 물음에 대답함으로써 명백해
질 것이다.

첫째 물음은, 세례자 자신 어떻게 시대와 관련되어 있는가, 두
번째 물음은, 요한복음서 첫머리의 여러 가지 일들을 어떻게 이해
해야 하는가이다.

세례자란 무엇인가

세례자는 시대와 어떻게 관련되어 있을까? 세례자란 애당초 무엇
인가? 그는 비의에 입문하였고 '다가 올 그리스도'에 대한 가르침
을 받은 사람이다. 그리스도는 유일하며 무엇으로도 대신할 수 없
는 존재이다. 그가 예수 그리스도를 만났을 때, 이 사람이 바로 그
리스도라는 사실을 깨달았다. 한편 '바리새 사람'이나 그 외의 이
름으로 불리는 사람들은 예수 그리스도를 보고, 이 사람은 전통
적인 비의의 원칙에 반하는 도저히 인정할 수 없는 행위를 한다
고 생각했다. 그들은 보수적이었기에 오래된 비의 원칙에 충실하
려 했다.

다가 올 그리스도의 존재를 알면서도 정작 현실로 다가오면 결
코 인정하려 하지 않는 그 모순이야말로 보수주의자들의 특징이
다. 그러므로 예수 그리스도가 나사로를 비의로 이끌었을 때, 그
것을 오래된 비의 전통을 깨뜨리는 행위라 여겼다. '이 사람이 많
은 표적을 행하니'(11장 47), 도저히 같이 갈 수 없는 사람이라 생
각했다.

그들의 사고방식에 따르면 예수 그리스도는 비의 전통을 배신

한 자였다. 깊은 비밀에 붙여 두어야 할 일을 그는 공공연히 행한다. 그러므로 그들은 예수 그리스도에 적대하지 않을 수 없었다. 예수 그리스도에 대한 박해는 이때부터 시작되었다. 요한복음서 앞부분 몇 장에서 요한은 어떻게 묘사되어 있는가.

첫째, 그는 다가 올 그리스도에 대한 비의의 가르침을 잘 알고 있었다. 그러므로 그가 이미 알았던 일을 요한복음서 작자는 그냥 반복하면 된 것이다.

요한복음서 첫머리의 말이 무엇을 의미하는지는 이미 말했다. 지금, 세례자 자신에 대해 말하는 내용에 주목해 보자. 그러려면 가능한 한 텍스트를 정확히 번역하지 않으면 안 된다. 첫머리의 몇 문장을 들어보겠다.

> "한 처음에 말이 있었다. 말은 하느님과 같이 있었다. 말은 하느님이었다.
> 이 말은 처음에 하느님과 같이 있었다. 모든 것은 말로 태어났다. 생겨난 것 가운데 말에 의하지 않은 것은 하나도 없었다. 말 속에 생명이 있었다. 생명은 사람들의 빛이 되었다. 그리고 빛은 어둠 속에서 빛났다. 그러나 어둠은 그것을 이해하지 못했다. 하느님이 보낸 사람이 있었다. 그 이름은 요한이었다. 이 사람은 빛을 증언하기 위해 왔다. 그를 통하여 모든 사람이 믿게 하려 함이었다. 그는 빛이 아니라 빛의 증인이었다. 왜냐하면 모든 사람을 비추는 참 빛이 이 세상에 올 터이기에.

그것은 세상에 있었다. 그리고 세상은 그것으로 생겨났다. 그러나 세상은 그것을 몰랐다. 그것은 한 사람 한 사람에게 왔다.(그것은 인간 자아에게 왔다) 그러나 사람은 (인간의 자아) 그것을 받아들이지 않았다. 그러나 그것을 받아들인 사람은 그것을 통하여 스스로를 하느님의 자식으로 내세울 수 있었다. 그의 이름을 믿는 사람은 피로서도 살의 의지로서도 인간의 의지로서도 아니라 하느님에게서 태어났다. 그리고 말은 육신이 되어 우리와 함께 살았다. 우리는 그 가르침을 들었다. 그것은 하느님의 하나뿐인 아들에 대한 가르침이며 은혜와 진리로 가득했다.

요한은 그 분에 대해 증언하며 명확히 말했다. '나 이전에 있던 분이 내 이후에 오리라 한 것은 바로 이 분을 두고 한 말이다. 왜냐하면 그는 나 이전에 존재했으므로' 왜냐하면 우리 모두는 그 충만한 존재로부터 은총 위에 또 은총을 받아왔기 때문이다. 율법은 모세가 주었지만 은총과 진리는 예수 그리스도를 통하여 오는 것이기 때문이다. 아직 아무도 하느님을 본 사람이 없다. 우주적 아버지의 내부에 있었던 하나뿐인 아들이 하느님을 보게끔 이끌어주었다"(1장 1-18)

요한복음서의 첫머리를 재현해 보았다. 여기에 해석을 가하기 전에 한 가지 덧붙여 두어야 할 것이 있다. 과연 세례 요한 자신은 이 구절을 어떻게 해석했을까. 세례 요한이 누구인가를 조사하기 전에 누가 그에게 다가와서 물었는지를 되새겨 보아야 한다. 사제들과 레위인들이 그에게 다가 와 '너는 누구냐'고 물었다. 왜 앞에서 든 그런 답이 주어졌는가를 말하기 전에 그 자신이 언급한 말을 살펴보아야 하다.

"나는 고독 속에서 외치는 소리이다"(1장 23)

이렇게 그는 말했다. 말 그대로 '고독 속에서'라고 되어 있다. 그리스어로 '은자'는 '고독한 사람'을 뜻한다. 그러므로 '나는 광야에서 설교하는 목소리이다'보다도 '나는 고독 속에서 외치는 소리이다'라는 쪽이 정확하다. 요한복음서의 첫머리에서 언급된 모든 것은 요한의 자기 표명이라고 보면 더 잘 이해할 수 있다. 그렇다면 왜 '고독 속에서 외치는 소리'라고 그는 말했을까?

집단자아

인류의 진화과정을 고찰할 때 말했듯 지구 본래의 사명은 사랑의 육성이다. 그 사랑은 자기의식적인 인간의 자유로운 능력이 아니면 성취될 수 없다. 그러므로 인간은 자신의 자아를 조금씩 길러서 그것을 조금씩 본성 속에 깃들게 해야 한다. 동물에게는 개별적인 자아가 없다. 사자가 '나'라고 말한다 해도 그 '나'는 개개의 동물이 아니라 아스트랄계에 있어서 집단자아를 의미할 것이다. 그런 자아라면 모든 사자는 '나'라고 할 수 있다. 그런 의미에서 같은 형상을 가진 동물은 모두 아스타랄계 속에서 초감각적으로 지각할 수 있는 집단자아에 대해 '나'라고 말할 수 있다. 인간이 동물보다 뛰어난 점이 있다고 한다면 개별적 자아를 가지기 때문이다. 그러나 개별적 자아는 오랜 시간 가운데서 진화해 온 것이다. 인간 또한 예전에는 인류전체의 집단자아에 속해 있었다.

고대의 민족들이나 인종들은 작은 집합체 속에서 살았다. 게르만민족의 경우에는 그리 멀리까지 거슬러 올라갈 필요도 없다. 타키투스를 읽어보면 개개의 게르만인이 자신의 개성보다도 부족 전체를 중시했음은 금방 알 수 있다. 사람들은 하나의 인격적 존재라기보다는 겔스키 부족이나 시간부르 부족의 일원임을 더 자각했다. 그러므로 부족의 운명을 위해 싸웠다. 부족 구성원 하나가 모욕을 당하면 그 가운데 다른 누군가가 대신해서 복수를 할 수 있다. 그러나 시대가 변하여 이윽고 개인이 부족공동체에서 빠져나오면, 부족의 통일이 무너져 단단한 결속을 유지할 수 없게 되었다. 인간은 집단혼적인 단계에서 개인 속에서 자아를 느끼는 방향으로 진화를 이루었다.

이 집단혼 또는 집단자아의 비밀을 알 때 비로소 종교문헌이나 역사기념물을 이해할 수 있다. 자신들의 공동자아를 지각할 수 있게 된 민족에게는 같은 지역에서 같은 시대를 사는 집단을 넘어 먼 과거까지 거슬러 올라 조상들에게도 같은 자아가 작용하고 있었다. 오늘날의 인간 기억은 고작 어린아이 시절에 머문다. 그러나 자신의 행위만이 아니라 아버지나 할아버지의 행위도 자기 일처럼 떠올릴 수 있는 시대가 있었다. 기억이 저 먼 조상들의 혈족공동체까지 확장되고 시조의 피가 흐르는 몇 세대까지 이어진다. 기억은 피와 함께 몇 세기에 걸쳐 유지되었고, 부족의 아이는 조상들의 행위나 사고 속에서도 '나'가 작용한다는 것을 느꼈다.

사람들은 탄생과 죽음 사이를 살아가는 자신을 느낀 것이 아니라, 조상부터 지금까지 이어지는 한 계통의 일원임을 느꼈다. 왜냐하면 아버지, 할아버지 등의 행위를 떠올림으로써 자아가 유지될 수 있었기에 그러하다. 이것은 이름 짓는 방법에서도 뚜렷이 나타난다. 자식은 자신의 행위만이 아니라 아버지나 조상의 행위도 떠올렸고, 또 그 기억은 세대를 넘어 확장되었기에 그 기억에 관련된 모든 것이 이를테면 '노아'라든지 '아담'이라는 이름으로 불리었다. 이것은 개인의 이름이 아니라 몇 세기에 걸쳐 기억을 유지하는 '자아'의 이름이다. 이 비밀은 족장 이름의 배후에도 감추어져 있다. 왜 족장들은 특별히 오래 살았을까. 고대에는 탄생과 죽음 사이를 살아가는 개인에게 고유한 이름을 주지 않았다. 고대의 이름에서는 공간적·시간적 한계 따위는 고려되지 않았다. 그러므로 아담이라는 이름이 몇 세기에 걸쳐 기억 속에서 살아갔던 것이다.

개별적 자아
집단혼, 집단자아에서 개별적 자아가 서서히 분리되어 갔다. 개인은 자신만의 자아를 의식하게 되었다. 그 이전의 인간은 부족공동체 속에서 스스로의 자아를 느꼈다. 공간적·시간적 피의 연결성을 가진 집단혼 속에서. 그러므로 '나와 아버지 아브라함은 하나이다'라는 것은 자아가 하나라는 뜻이다. 공통의 피가 민족의 구성원 모두의 혈관을 타고 흘렀기에 개인은 그 전체 속에 포함되어 있다는 느낌을 가질 수 있었다. 그러나 진화는 앞으로 나아가 민족 내부에 속한 사람들이 개별적 자아를 느끼게 만들었다.

뚜렷하게 개별적 자아를 느낄 수 있도록 인간을 각성시키는 것이 그리스도의 사명이었다. '아내와 자식, 아버지와 어머니, 형제자매를 부정할 수 없는 자는 나의 제자가 될 수 없다'(마가복음 10장 29)라는 오해받기 쉬운 말도 이런 의미에서 이해되어야 한다. 이 말을 통속적인 의미로 파악하여 가족으로부터 도망치라는 가르침이라 생각해서는 안 된다. 이 말의 의미하는 바는, '너희들 모두가 나름의 자아를 가졌다. 그리고 이 개별적 자아는 우주를 관통하는 영적인 아버지와 직접적으로 결합되어 있다. 이것을 느껴야 한다'라는 것이다. 예전에 구약의 신자는 '나와 아버지 아브라함은 하나이다'라고 말했다. 왜냐하면 혈족 가운데 자아가 살아 있다고 느꼈기 때문이다. 그러나 이제는 '아버지'라는 영적 근거와 자유롭게 일체감을 가질 수 있어야 한다. 혈족이 아니라 '아버지'라는 영적 원칙과 하나일 때 그가 어떤 전체에 속함을 보장받는다는 사실을 모든 사람이 알아야 하는 것이다.

그러므로 요한복음서에 따르면 그리스도란 인간이 개별적 자아 속에서 스스로를 영원히 느낄 수 있도록 거기에 필요한 충동을 던져주는 위대한 스승이다. 그리고 이것이 구약에서 신약으로 전환하는 의미이다. 구약은 하나의 자아와 다른 자아들이 결합되어 개별적인 자아와 다른 자아들을 구분하거나 실감하지 못하고, 공통적인 민족자아나 부족자아를 느끼며 살아가게 하는 집단혼적 성격의 시대였다.

그렇다면 집단혼 속에서 다른 사람들과 인격의 관련성을 느낄 수 없을 만큼 성숙해버린 자아는 자기 스스로를 어떻게 생각할까? 이미 같은 집단혼에 속하는 다른 사람의 자아와 공통된 속성을 인생의 진실이라고 느낄 수 없게 되었을 때, 그는 어떤 느낌에 사로잡힐까?

그때 자아는 스스로를 고독하다고 느끼게 된다. 그러므로 그리스도보다 앞에 온 인물은 '나는 벌거벗은 자아이며 고독을 느끼는 자아이다. 그리고 나는 고독하다 느끼기에 자신을 예언자라 생각한다. 고독 속의 자아만이 예언자에게 올바른 영적 자양분을 줄 수 있다'라고 말했다.

그 사람은 스스로를 '고독 속에서 외치는 자'라고 말했다. 그것은 집단혼에서 소외되어 고독해진 자아가 새로운 자양분을 받아들일 수 있는 곳으로 걸어가는 모습을 나타내는 말이다. '나는 고독 속에서 외치는 소리이다'라는 말은 그런 의미를 가진다. 여기에는 깊은 진리가 감추어져 있다. 어떤 개별적인 자아도 다른 존재로부터 완전히 분리된 자아의 소리이다. 그 자아는 고독한 자아도 일어설 수 있는 새로운 지반을 갈구한다. 그것이야말로 '나는 고독 속에서 외치는 소리이다'라는 말이 뜻하는 바이다.

역사적 해석과 상징적 해석

요한복음서의 말을 올바르게 받아들이기 위해서는 당시의 이름 짓는 관습도 잘 알아야 한다. 그때 사람들은 이름을 지을 때도 아무런 의미도 없이 추상적으로 짓지 않는다. 성서연구자들이 사소한 그런 문제에 관심을 기울였더라면 결코 진부한 해석은 하지 않왔을 것이다. '나는 세상의 빛이다'(8장 12)라고 그리스도가 말할 때, 그것은 그 자신이 '나는 나다'를 자각할 수 있도록 충동을 던져주고 그것을 표현한 최초의 존재라는 뜻이다. 그러므로 첫 몇 장 가운데 '나는 나다'를 특별히 강조하지 않으면 안 되었다. 고대의 모든 이름은 그 이름 그대로 깊은 상징적 의미를 띤다.

여기에 대해 사람들은 두 가지 점에서 아주 심각한 오류를 범한다. 피상적으로 바라보는 사람들은 이렇게 말한다. '물론 상징적 해석이 다양하게 이루어지고 있다. 그러나 우리는 상징을 문제로 삼을 생각은 없다. 그렇게 하면 성서의 역사적 사건을 실체도 없는 허망으로 만들어 버리기 때문이다'

다른 한편으로 역사적 사건에 대해 아무런 이해도 없는 사람들은 또 이렇게 말한다.

'모든 것은 상징적으로 이해되어야 한다'

그러나 그 어느 관점도 복음서를 제대로 보는 것이 아니다. 역사적 현실은 상징적인 해석에 의해서도 그 현실성이 부정되지 않는다. 그리스도교 신비주의의 해석은 그 양쪽을 아우른다. 다시 말해 사건들을 역사적 사실로 받아들이면서 거기서 상징적인 의미도 찾아내는 것이다.

물론 날것의 현실만을 보려고, 이를테면 어떤 시대에 태어난 인물을 외적인 관점으로만 이해한다면 특정한 이름을 가진 그 인물에 대해 전기에 적힌 것 말고는 깊이 알 수 없을 것이다. 그러나 영적인 관련을 안다면, 우리는 특정한 장소에서 태어난 그 사람이 동시에 시대의 상징이며, 인류 진화에서 그가 가진 모든 의미가 그 이름 속에 표현되어 있음을 이해하게 될 것이다.

상징적이면서 역사적인 것, 이 두 가지를 양립시키는 것이 복음서 해석에서 매우 중요하다. 요한, 또는 요한복음서의 작자가 초감각적인 지각으로 본 것들은 심오한 영적 진실이 지상에 나타난 일이기도 하다. 이것은 거의 모든 역사적 사건에 대해서 적용된다. 요한은 세례요한의 역사적 모습을 기술하였으나 그것은 동시에 상징적으로 자아의식을 가진 모든 사람들을 나타내는 것이기도 하다. 그들의 개별적인 자아 속에는 세상의 빛이 빛나고 있다. 아직 어둠 속에 머물며 세상의 빛을 받아들이지 못한 사람들은 세례자의 모습을 상징으로 이해할 수 없었다. 예수 그리스도의 생명, 빛, 로고스는 그때까지도 늘 세상에서 빛났지만, 아직 성숙 과정에 있었던 사람들은 그것을 인정할 수 없었다. 빛은 늘 존재했다. 만일 빛이 존재하지 않았더라면 개별적인 자아로 나아가는 소질이 애당초 생겨나지 않았을 것이다.

인간에게 영원한 것

월기의 인간에게는 육체와 에테르체와 아스트랄체만이 존재했다. 거기에 자아는 작용하지 않았다. 빛이 변화하여 지상을 비추게 되었을 때 비로소 빛은 한 사람 한 사람의 자아에 불을 붙이고 그것을 천천히 성숙하게 했다. '빛은 어둠 속에서 빛났다. 그러나 어둠은 아직 그것을 이해하지 못했다.'(1장 5) 그리고 '그것은 개개의 인간에게' 미쳤다. 자아인간에게까지 이른 것이다. 빛이 로고스를 통하여 자아인간 속에 흘러들어가지 않았더라면 자아인간

은 생길 수 없었다. '그러나 자아인간은 그것을 받아들이지 않았
다' 다만 비의에 입문한 사람들만이 그것을 받아들였다. 그 사람
들은 스스로를 영계로 끌어올려 스스로 늘 '신의 자식들'이라 불
렀다. 왜냐하면 로고스와 빛과 생명을 인식하고 늘 그것을 증언할
수 있었기 때문이다.

　자아를 의식한 사람들만이 고대비의를 통하여 영계에 대한 지
식을 가지고 있었는데, 그들의 내면에는 그 어떤 것이 살고 있었
을까? '인간에게 영원한 것'이 살아 있었다. 영원한 존재가 완전
히 의식적으로 그 사람들 속에 살아 있었다. 그러므로 그 사람들
은 위대한 언어, '나와 아버지는 하나이다'(10장 30)를 이미 느끼고
있었다. 즉 자아와 위대한 우주근거가 하나임을 느낀 것이다. 그
사람들의 의식 가장 깊은 곳에 있는 자아는 아버지와 어머니로부
터가 아니라 영계 입문을 통하여 얻어진 것이다. 그들은 피나 살
이나 부모의 의지로부터가 아니라 '신으로부터' 다시 말해 영계
로부터 그것을 얻었다.

　이상의 해석에서 밝혀지듯 많은 사람들은 자아인간으로 나아
갈 소질을 가지고 있었음에도 빛을 받아들이지 않았다. 빛이 집단
자아에게 내려왔음에도 개인은 그것을 받아들이지 않았다. 그러
나 그것을 받아들인 사람들, 극히 소수의 사람들만은 그것으로 인
하여 신의 자식이 될 수 있었다. 그러나 빛을 믿는 사람들은 비의
입문을 통해 신의 힘으로 그것을 믿을 수 있게 되었다.

　이것을 통해 우리는 명백히 깨달을 수 있다. 모든 사람이 지상
의 감각으로 엄연히 존재하는 신을 인정할 수 있게끔, 육안으로

그 모습을 볼 수 있도록 그 신이 지상에 나타나지 않을 수 없었다고. 신은 육체를 가지고 나타날 수밖에 없었다. 신을 육안으로 볼 수 있는 유일한 방법이기 때문이다. 그때까지는 비의 입문자만이 신을 볼 수 있었다. 지금 신이 모든 인간을 구원하기 위해 육체를 가지고 나타났다. '말은 살이 되었다'(1장 14) 이렇게 하여 요한복음서의 작자는 예수 그리스도의 역사적 모습을 진화 전체에 연관시켰다. '우리는 그 가르침을 들었다. 아버지의 홀로 태어난 아들의 가르침을'(1장 14) 그 가르침은 어떤 것이었을까? 예수 이외의 사람들은 어떻게 '태어난' 것일까?

'홀로 태어나다'

복음서가 기록된 고대에는 살로 태어난 사람을 '둘로 태어나다'라고 하였다. 두 사람의 힘으로 태어났다는 뜻이다. 다시 말해 아버지와 어머니의 피가 섞였다는 뜻이다. 살에 의하지 않고 인간의 작용도 없이 아버지와 어머니의 피가 섞이지 않고 태어나면 '신에게서 태어나다'라고 하였다. 그것이 '홀로 태어나다'이다. 이전에 '신의 자식들'이라 불렸던 사람들은 이미 어떤 의미에서 홀로 태어난 것이다. 신의 자식의 가르침이란 '홀로 태어난 자'의 가르침을 말한다. 살을 가진 인간은 둘로 태어난다. 영의 인간은 홀로 태어난다. 이 말을 '영이 들어와서 태어났다'라는 뜻으로 받아들여서는 안 된다. 홀로 태어났다는 것은 둘로 태어났다의 반대말이다. 그리고 이 말은 인간이 육체의 탄생 이외에 영적인 탄생을 이룰 수 있다는 가르침이다. 영의 탄생은 영과의 합일이며 홀로 태어나는 것이며 신의 자식이 되는 것이다. 그리고 이 가르침은 살이 된 말인 인간이 들을 수 있는 내용이 되었다.

그 사람에 의해 이 가르침이 알려졌다. 그것은 '아버지의 홀로 태어난 아들의 가르침이며 귀의와 진리로 가득 찬'(1장 14) 가르침이었다. 이것은 '귀의'로 번역되어야 한다. 왜냐하면 이 말은 신으로부터 태어난 것과 관계된 것인데, 신과 함께 있다는 것, 동시에 모든 환상을 배제한다는 것을 뜻하기 때문이다. 환상은 둘에서 태어나다에서 일어나 인간을 감각적 착각 속에 가두어 버린다. 한편 이 가르침은 육체에 깃든 로고스로서 사람들 사이에 있는 예수 그리스도 가운데서 진리를 찾을 수 있는 가르침이었다.

세례 요한은 스스로를 선행자라 했다. 이것은 말 그대로의 뜻이다. 자아를 알리기 위해 앞서 온 사람이라는 것이다. 요한은 자아가 개인 속에서 독립하지 않으면 안 된다는 것을 알았고 그것을 실현하기 위해 올 인물에 대해 증거하는 것이 그의 사명이라 여겼다. 그는 명확히 말했다. 앞으로 다가 올 사람은 영원한 '나는 나다'로서의 사람이다. 이 사람은 스스로를 '아브라함이 존재하기 이전에 '나는 나다'가 있었다'라고 말할 수 있는 사람이라고. 요한은 또한 다음과 같이 말했다. 지금 말한 '나'는 나 이전에 존재했다. 나는 선구자이지만 동시에 그 '나'는 나의 선구자이기도 하다. 이미 모든 사람 속에 존재하는 것에 대해 나는 증거하는 것이라고, '나 다음에 올 사람이 나보다 앞서 있었다'라고.(1장 15)

플레로마

마음에 새겨 들어야 할 말이 있다. '왜냐하면 우리 모두는 그 충만함으로부터 은총에 또 은총을 받았기 때문이다'(1장 16)

그리스도인으로 자칭하는 많은 사람들이 이 '충만'이라는 말을 무시한다. 이 말을 정확히 읽어내려 하지 않는 것이다. '충만'이란 그리스어로 '플레로마(pleroma)'이다. '왜냐하면 플레로마로부터 우리 모두가 은총에 은총을 받았다'라고 요한복음서는 말한다. 우리는 요한복음서의 어떤 말도 미세한 저울에 걸어 섬세하게 가늠해야만 그 의미를 명확히 알 수 있다. 플레로마란 도대체 무엇인가? 고대비의에서 이 말에는 특별한 의미가 있었다. 고대비의에서 월기에 신으로 고양된 영적 존재들, 즉 엘로힘들이 처음 스스로를 드러냈을 때 그 하나가 다른 것으로부터 분리되었다는 가르침을 받았다. 하나가 달에 머물러 거기서 사랑의 힘을 반사했다. 그리고 그 결과, 사람들이 나머지 여섯 엘로힘의 빛을 받기에 충분할 만큼 성숙할 수 있었다. 그러므로 단일신으로서 사랑의 힘을 반사하는 야훼와 나머지 여섯 신의 충만, '플레로마'가 구별되었다. 그리스도는 태양 로고스의 전체의식을 의미하므로 그 그리스도를 가리킬 때 사람들은 '신들의 충만'에 대해 말하지 않으면 안 되었다. '왜냐하면 플레로마로부터 우리 모두가 은총에 은총을 받았다'라는 말의 배후에는 이런 깊은 진실이 감추어져 있다.

집단혼의 사랑을 넘어서

여기서 개인이 스스로를 집단혼으로 느꼈던 '집단혼의 시대'로 돌아가 집단에 있어서 사회질서로 눈을 돌려보도록 하자. 물론 눈에 보이는 존재로서 인간은 하나하나 다른 존재이다. 그 사람들이란 자신 속에 집단자아의 작용을 느끼고 있었지만, 보기에는 한 사람 한 사람이 다르다. 사람들은 아직 개별자로 느끼지 않았기에 내면의 사랑을 충분히 살려낼 수 없었다. 피가 연결되었기에 상대를 사랑했다. 피의 연결이 모든 사랑의 기초였다. 피로 연결된 사람들만이 서로를 사랑할 수 있었다. 그리고 피가 연결되었기에 성애가 아닌 사랑 또한 생겨날 수 있었다.

이 집단혼의 사랑으로부터 지금 사람들은 자유로워지지 않으면 안 된다. 그리고 사랑을 자아의 자유로운 선물로 바쳐야 한다. 지구기 진화의 끝자락에서 독립된 자아가 우리 인간으로 하여금 마음 깊은 곳에서 귀의의 충동을 일으켜 올바른 것, 선한 것을 행하도록 하였다. 사랑이 영화되어 모든 사람이 올바른 일을 하려 할 때 예수 그리스도가 이 세상에 이루려던 것이 성취되는 것이다. 왜냐하면 그리스도교의 비밀 가운데 하나는 다음과 같은 가르침이기 때문이다.

'그리스도를 보라. 그 모습에서 넘쳐나는 힘으로 스스로를 충족시켜라. 그처럼 되려 하라. 그의 뒤를 따르려 하라. 그렇게 하면 이미 계율이란 필요하지 않고 마음 깊은 곳에서 자유로운 자아가 선한 것, 올바른 것을 실천하려 할 것이다' 그리스도는 자유로운 충동을 주는 자이다. 그러므로 선한 것이 계율 때문이 아니라 마음 안에서 일어나는 사랑의 충동으로 행해지게 된다.

그러나 이 충동을 충분히 발전시키기 위해서는 지구기의 남은 시간 전체가 필요하다. 그것은 예수 그리스도에서 시작되었다. 그리고 그리스도의 형상은 늘 그것으로 향하는 인간을 가르치는 힘이 될 것이다. 독립된 자아를 가질 때까지 성숙하지 않은 인간은 집단의 한 부분으로 존재할 것이다. 인간은 공적인 계율에 의해 사회적으로 규제되었다. 오늘날에도 사람들은 아직도 모든 점에서 집단자아에서 벗어나지 못했다. 오늘날의 인간은 많은 점에서 개별적 인간이 아니라 집합적 존재로 남아 있다. 비의의 학교에서 '고향 상실자'라 불리는 자유로운 존재가 된다는 것은 오늘날에도 아직 이상에 지나지 않는다.

　자유의지로 세계에 관계하는 사람은 개별적인 사람이다. 그 사람은 계율에 따르지 않는다. 그리스도 원리 가운데 '계율의 극복'이라는 것이 있다. '왜냐하면 계율은 모세에 의해 주어졌다. 그러나 은총은 그리스도에 의해 주어진다'(1장 17) 그리스도교가 의미하는 은총이란 내면에서 선을 행하는 혼의 능력을 말한다. 은총과 내면에서 인식된 진리는 그리스도에 의해 생겨났다. 이런 사고방식이 전 인류의 진화에 얼마나 깊이 작용하는가를 알게 될 것이다.

육체를 가진 신

비의에 입문한 사람은 고차적인 영적 지각기관을 가질 수 있었다. 그때까지는 어떤 사람도 육안으로는 신을 볼 수 없었다. 아버지 안에서 안식하는 홀로 태어난 신은 비의에 입문하지 않은 사람들도 육안으로 지상의 사물들을 보는 것과 같은 방식으로 신을 볼 수 있게 한 최초의 존재였다. 그때까지 팔레스티나의 역사에서 신은 눈으로 볼 수 없는 존재였다. 초감각적 존재인 신은 비의의 장에서 꿈을 통하여 또는 다른 어떤 수단을 통하여 드러날 따름이었다. 그러나 지금 신은 역사적, 감각적 사실이 되어 육체를 가진 형상으로 나타났다. '지금까지 누구도 신을 볼 수 없었다. 우주의 아버지 내부에서 홀로 태어난 아들이 이렇게 보는 행위의 인도자가 되었다'(1장 18) 이 말 가운데 그런 내용이 담겨 있다. 홀로 태어난 아들이 지상의 감각으로 신을 볼 수 있게 해준 것이다.

요한복음서의 말을 그리스도교 신비주의를 이해하는 데 활용하려면, 이 복음서가 우리로 하여금 얼마나 팔레스티나의 역사에 눈길을 돌리게 하는지, 그리고 얼마나 전형적이고 명확한 언어로 표현되어 있는지를 알아야 한다. 그리고 한 마디 한 마디를 정교한 저울에 올려 가늠해 보아야 한다. 그리스도교 신비주의를 이해하는 데 많은 도움을 줄 이 이야기를 계속 해나갈 생각이지만, 동시에 그리스도교가 집단혼을 따르는 사람들을 인도할 뿐만 아니라 한 사람 한 사람 속에 들어가 그 개별적 자아에게 그리스도 충동을 부여하려 한다는 것도 이야기할 것이다.

사랑의 영화(靈化)

그 후에도 변함없이 존재하는 피의 연결에 사랑의 영성이 덧붙여진다. 자유로운 자아에서 자유로운 자아로 작용하는 이 사랑에 그리스도는 그 자신의 충동을 부여한다. 비의 입문자에게는 매일 진실이 밝혀지게 되는데, 가장 중요한 진실은 늘 사흘째 드러난다.

그 중요한 진실은 이런 것이다. 진화과정 속에서 피와 연결된 육신의 사랑이 점점 영화되어 가는 지점에 지금 인류는 서 있다는 것이다. 우리는 이런 사실을 지금 이 자리에서 완벽하게 이해해야 한다. 순수한 피의 사랑에서 영적인 사랑으로 옮겨가는 것, 그것을 눈에 보이는 형태로 드러나게 한 것, 그것이 바로 팔레스티나에서 일어난 그 사건의 의미이다. 그것을 예수 그리스도의 다음과 같은 말이 의미심장하게 드러낸다. '나의 시대가 올 것이다. 거기에서는 피의 연결이 아니라 독립된 한 사람 한 사람에 의해 가장 중요한 행위들이 이루어질 것이다. 그 시대가 오지 않으면 안 된다'

최초의 충동을 부여하는 그리스도 자신이 어떤 의미 있는 순간에 그런 말을 했다. 그런 이상이 언젠가는 실현될 것이나 아직 그때가 오지 않았다고. 예수의 어머니가 사람들을 위해 어떤 중요한 행위를 하도록 그를 촉발했을 때, 그리스도는 예언적으로 이 말을 한다. 그는 어머니에게 다음과 같이 대답한다. 자신들이 오늘 하려는 것은 아직 피의 연결에 관련된 것이다. '아직 나와 그대'의 관계에 관련된 일이다. '왜냐하면 아직 나의 때가 오지 않았으므로'(2장 4절)

카나의 잔치 이야기 가운데 개인이 혼자서 서야 할 때가 온다는 말이 나온다. '그들에게는 포도주가 없습니다'(2장 3절)라는 말에 예수는 다음과 같이 대답한다. '나와 그대'라는 말과 '이것은 아직 나와 그대와 관계가 있다는 것이다. 나의 때는 아직 오지 않았다'

'나와 그대'라는 말과 '나의 때가 아직 오지 않았다'라는 말에 주의하자. 이 두 가지 말로 어떤 비밀이 시사된 것이다. 다른 많은 경우와 마찬가지로 이 말 또한 거칠게 번역되어 있다. 여기서는 '여자여, 나와 그대가 어떤 관계인가'가 아니라 '이것은 나와 그대의 혈연에 관련된 것이다'라는 뜻이다. 원전은 이렇게 섬세하고 미묘하며, 그것을 이해하려고 하는 사람만이 이해할 수 있게 되어 있다. 이 종교문헌은 오늘날까지 다양한 해석의 대상이 되는데, 우리는 다음과 같이 물어야 한다. 스스로를 그리스도인이라 부르는 사람들이 그 의미를 잘못 해석하여, 그리스도로 하여금 '여자여 나와 그대가 어떤 관계인가'라고 말하게 했을 때, 그들은 과연 거기서 무엇을 느끼는 것일까 라고.

오늘날 그리스도인이라 자칭하며 복음서를 인용하는 많은 사람들에게 우리는 다음과 같이 물어야 한다.

'당신은 진정 복음을 가지고 있는가?'

먼저 복음을 가지는 것이 중요하다. 요한복음서와 같이 심오한 종교문헌을 대할 때는 한 마디 한 마디를 미세한 저울에 올려 그 올바른 가치를 신중하게 가늠해야 한다는 것이다.

제5강

그리스도 이전의 비의와 자립의 과정

(1908년 5월 23일)

나사로의 부활 이전과 이후

요한복음서를 고찰할 때는 어제 말한 원칙적인 입장을 결코 잊어서는 안 된다. 이 복음서의 원작자가 그리스도가 손수 비의입문을 주재했던 애제자였다는 사실을 염두에 두어야 한다. 그렇다면 신비주의의 관점에서가 아니라 요한복음서의 작자가 이른바 '나사로의 기적'으로 알려진 비의입문(죽음에서 부활)으로 그리스도에 대한 고차적인 인식을 얻었다는 것을 추측할 수 있는 외적 증거는 없을까.

요한복음서를 신중하게 읽어보면 이런 것을 알 수 있다. 나사로의 부활을 다룬 부분 이전에는 어디에도 주가 사랑하신(13장 23) 제자에 대한 기술은 나오지 않는다. 이 복음서의 작자는 이런 암시를 하는 것 같다.

"그 전의 일들은 비의에 의해 내가 알게 된 지식에서 비롯한 것이 아니다. 거기서는 나를 무시해도 좋다"

11장 이후에 이르러 비로소 '주가 사랑하신 제자'가 나온다. 그러므로 요한복음서는 두 가지 중요한 부분으로 나뉜다. 아직 주가 사랑하신 제자에 대한 언급이 없는 전반부. 그는 아직 비의에 입문하지 않았다. 나사로의 부활 이후 이 제자가 처음으로 나온다.

지금까지 강의에서 말한 것은 이 성전의 내용과 모순되지 않는다. 물론 복음서를 표면적으로만 고찰하는 사람은 이런 내용에는 주목하지 않을 테지만, 모든 것이 대중화되고 다양한 예지가 공개되는 오늘날이야말로 예지라는 이름으로 자주 의심스러운 일들이 주장되고 있다. 그것은 현대의 신화에 지나지 않는다.

값싼 보급판을 통해 다양한 지식이 공개되는 것을 시대의 은총이라 여기지 않는 사람이 있을까? 최근에 출판된 것 가운데 '성서의 성립'이라는 책이 있다. 저자는 신학박사이다. 다시 말해 신학자이다. 그 저자에 의하면 요한복음서의 작자가 이 복음서의 모든 장에, 1장 35절부터 암시되어 있다고 한다. 이 책을 읽고 나는 눈을 의심하지 않을 수 없었다. 왜냐하면 거기에는 지금까지의 모든 신비주의 관점과는 다르게, 주에게 사랑받은 제자가 나사로의 부활 이전의 부분에서도 언급되어 있다는 참으로 기묘한 주장을 펴고 있었기 때문이다. 그러나 신학자라면 그 정도는 알고 있어야 마땅한 일이다.

성급하게 판단하기에 앞서 요한복음서를 펼쳐 1장 35절을 보자. 거기에는 '이튿날 또 요한과 그 두 제자가 서 있었다'라고 되어 있다. 세례 요한과 그의 두 제자를 말한다.

이 신학자에게 유리한 문헌자료는 이 두 제자 가운데 하나가 요한이라는 전승일 것이다. 그것은 마태복음 4장 21에 근거한다. 그러나 요한복음서를 다른 3복음서를 통해 해석한다는 것은 허용될 수 없는 일이다. 그러므로 한 신학자가 참으로 해로운 책을 출판하는 데 성공한 것이다. 그 보급판 시리즈가 일반대중에게 얼마나 큰 영향을 끼치는지를 아는 사람이라면 거기서 얼마나 유해한 결과가 일어날지를 예상할 수 있을 것이다. 이런 말을 하는 이유는 여기서 내가 말한 내용에 대한 비난에 대해 보호막을 쳐두고 싶기 때문이다.

그리스도 이전의 비의입문 7단계

나사로 부활 이전의 기술도 압도적이지만, 작자는 나사로 부활 이후에 이르러 가장 심오한 내용을 말하고 있다. 그렇지만 그 이전에도 이 복음서의 내용이 비의에 입문한 사람에게만 이해 가능한 일들을 다룬다는 것을 여기저기서 시사해 두었다. 이미 최초의 몇 장 가운데 비의입문에 관련된 일들이 포함되어 있다는 암시가 있다. 물론 비의입문에는 다양한 단계가 있다. 이를테면 동양의 어떤 비의(미트라교)에서는 7단계로 구별하여 그 각각의 단계에 상징적인 이름을 붙였다. 첫째가 '까마귀' 단계, 둘째가 '은자' 단계, 셋째가 '전사' 단계, 넷째가 '사자' 단계, 다섯 번째는 민족에 따라 제각기 어울리는 민족 이름이 사용되었다. 이를테면 페르시아인의 경우는 다섯 번째 단계의 비의 입문자에게 '페르시아인'이란 이름을 주었다. 그 이름에는 그런 뜻이 있다.

첫째 단계의 비의 입문자는 신비주의적인 생활과 외적인 생활을 중개하기 위해서 여기저기에 파견된다. 이 단계 사람은 아직 외적 생활에 완전히 몰입해야 한다. 그리고 거기서 공부한 일들을 비의의 장에서 보고한다. 그러므로 '까마귀'가 외부에서 내부로 그 전달 역할을 수행하는 것이다. 예언자 엘리야의 까마귀나 보탄의 까마귀를 떠올려보기 바란다. 바르바로사의 전설에도 까마귀가 나온다. 이러한 까마귀들은 바깥으로 나갈 때가 되었는지 안되었는지를 알려주는 역할을 한다.

두 번째 단계의 비의 입문자는 이미 신비주의적인 생활을 하고 있다. 세 번째 단계에서는 세상을 향해 신비주의적인 교의를 주장할 수 있다. 다시 말해 '전사'의 단계는 싸우는 사람을 뜻하는 것이 아니라 신비주의 교의를 옹호하는 역할을 하도록 허락받은 사람을 가리킨다. 네 번째 사자의 단계에 든 사람은 신비주의 생활을 자신의 내면에서 실현하는 사람이다. 신비주의적인 내용을 옹호하는 것을 허락받았고, 행위에서도 다시 말해 마술적인 행위에 의해서도 그렇게 할 수 있도록 허락받은 존재이다. 여섯 번째 단계는 '태양의 영웅', 일곱 번째는 '아버지' 단계로, 여기서 우리의 관심은 다섯 번째 단계에 있다.

고대인은 공동체 속에서 태어난다. 스스로의 자아를 체험할 때도 그 자아를 집단혼의 일원이라고 느꼈다. 그러나 다섯 번째 단계의 비의 입문자는 자신의 인격을 버리고 자신의 내면에서 민족의 본성을 전면적으로 받아들이는 제사를 올린 사람이다. 다른 사람이 자신의 혼을 민족혼 속에서 느끼듯 이 비의 입문자는 민족혼을 자신의 혼속에 받아들였다. 자신의 인격을 문제로 삼지 않고 개인을 넘어선 민족령(民族靈)만을 살려내려 한다. 그러기에 이 단계의 비의 입문자는 민족의 이름으로 불렸던 것이다.

나다나엘과의 대화

요한복음서에 따르면, 예수 그리스도의 첫 제자들 가운데 나다나엘이 있었다. 나다나엘은 처음으로 그리스도 앞에 나아갔을 때 그는 영시를 할 수 있을 만큼 고차적인 단계의 비의를 전수받았다. 물론 그리스도는 광대한 예지의 영이기에 다섯 번째 단계의 비의를 전수받은 나다나엘의 영적 능력으로는 그리스도의 본성을 파악할 수 없었다. 그러나 그리스도는 나다나엘의 본성을 영적인 눈으로 볼 수 있었다. 그것이 두 가지 사실로 나타난다.

　우선 그리스도 자신이 나다나엘을 '진정한 이스라엘인이다'(1장 47)라 말한다. 여기서도 민족명이 나온다. 그가 페르시아인 일때, 다섯 번째 단계의 비의 입문자를 '페르시아인'이라 부르듯 이스라엘인의 경우는 '이스라엘인'이라 불렀다. 그러므로 그리스도는 나다나엘을 '이스라엘인'이라 부르고 '필리포가 너를 부르기 전에 네가 무화과나무 아래 있는 것을 보았다'(1장 48)라고 그에게 말한다. 이것은 비의 입문자에 대한 상징적인 표현이다. 마치 보리수 아래 앉은 부처의 모습이 상징적으로 이해되는 것과 같이. 무화과나무는 이집트 칼데아의 비의를 상징한다. 그리스도는 나다나엘에게 이렇게 말한 셈이다. '나는 그대가 비의에 입문하여 특정한 일을 영시할 수 있다는 것을 안다. 왜냐하면 무화과나무 아래 있는 그대를 보았기에' 그러자 나다나엘은 그리스도를 전적으로 받아들인다. "나다나엘이 대답하여, 선생이여, 당신은 하느님의 아들이시며, 이스라엘의 왕이시오"(1장 49)

이 경우 왕이라는 말은, '당신은 나보다 위대합니다. 그렇지 않다면 당신이 무화과나무 아래 있는 나를 보았다는 말을 하지 못했을 터이기에'라는 뜻이다. 그러자 그리스도는 다음과 같이 대답한다. '내가 너를 무화과나무 아래 있는 것을 보았다 하므로 믿는 것인가, 그러나 이보다 더 큰 것을 보게 될 것이다'(1장 50)

'진실로 진실로'라는 말에 대해서는 나중에 다루기로 하겠다. 이어서 그리스도는 이렇게 말한다. '천사들이 사람의 아들 위에 오르락내리락하는 것을 보게 될 것이다'(1장 51)

그리스도 충동의 수용

그리스도를 인정할 수 있는 사람은 지금까지 본 것보다 더 소중한 것들을 볼 수 있게 될 것이라고 말한다. 도대체 이건 무슨 뜻인가?

그것을 명확히 하려면 인간이란 본래 어떤 존재인가를 떠올려 보아야 할 것이다. 잘 아는 바처럼 인간은 낮과 밤을 다른 존재로 살아간다. 낮의 인간은 육체, 에테르체, 아스트랄체, 자아를 하나로 결합하고 있다. 그때의 인간 육체와 에테르체란 아스트랄적인 영체와 자아적인 영체가 깃들어 관리된다. 그렇지만 인간이 오늘날의 진화단계를 살아가려면 에테르체와 육체 속에 다른 존재가 작용하지 않으면 안 된다. 왜냐하면 인간은 밤마다 육체와 에테르체에서 그것을 관리하는 아스트랄체와 자아를 분리하여 밤 동안 육체와 에테르체를 운명에 내맡겨버리기 때문이다. 누구든 밤마다 자신의 육체와 에테르체를 아무렇게나 내버려둘 수밖에 없다. 그러므로 신적이며 영적인 힘들이 이 버려진 육체와 에테르체 속에 밤마다 흘러들어간다. 밤의 육체와 에테르체는 이른바 신적이며 영적인 본성 속에 잠겨드는 것이다.

이미 말했듯 고대의 '야훼시대'에는 아스트랄체와 자아가 육체와 에테르체 바깥에 있고 야훼의 영감을 받아들였다. 그 육체와 에테르체에는 진정한 빛, 신성(엘로힘)의 충만, 즉 플레로마가 관통했다. 다만 인간이 그것을 모를 따름이었다. 왜냐하면 그리스도 원리가 출현하기 이전의 인간은 거기에 필요한 충동을 아직 그리스도 원리로부터 받아들이지 않았기 때문이다. 본래 육체 속에서 작용해야 할 원칙들은 고차적인 영계 데바한계(신계)에 머물러 있었다. 육체에 작용하는 영적 본성들은 고차적인 천상계 가운데 고차의 데바한계에 머물렀다. 그리고 에테르체에 작용하는 본성들은 저차원의 천상계에 머물렀다. 그리스도 충동을 받아들인 인간들만이 이러한 본성을 인식할 수 있게 된다. '그대가 사람의 아들을 진실로 알게 된다면 영의 작용이 천상계에서 인간에게로 오르내리는 것을 알게 될 것이다. 이것은 그리스도가 지상에 던져 준 충동에 의해 그대에게 전해질 것이다'

카나의 향연

그 다음에 이어지는 일에 대해서는 어제 한 번 다루었다. 갈리아에서 있었던 카나의 잔치이다. 이 사건은 자주 '최초의 기적'이

라 불리는데, 오히려 예수 그리스도가 내보인 '최초의 징표'(2장
1-11)라고 해야 할 것이다. 이 징표가 나타내는 압도적인 내용을
이해하려면 지금까지 네 번의 강의에서 말한 것들을 서로 관련시
켜 생각해 보아야 할 것이다.

어느 결혼식에서 일어난 일이다. 왜 갈리아에서 결혼식이 벌어
졌을까? 그것을 이해하려면 그리스도의 본래 사명을 다시 한 번
우리 의식 앞에 불러내지 않으면 안 된다. 그리스도의 사명은 자
아의 완전한 힘, 그 내적 독립성을 인간의 혼속에 일으키는 것이
다. 한 사람 한 사람의 자아가 독립하여 완전한 자기존재 속에서
스스로를 느끼면서 자유로운 사랑의 힘을 통하여 인간과 인간이
이어지지 않으면 안 된다. 그러므로 사랑이 그리스도 원리를 통하
여 지상의 사명에 덧붙여진 것이다. 사랑의 사명은 점점 물질적인
것을 넘어서 영적인 것으로 고양되어야 한다. 사랑은 감각과 결합
된 가장 저차원의 형태로부터 시작되었다. 고대에는 피의 연결로
하나가 된 집단이 서로를 사랑했다. 피가 이어지는 물질적인 기반
에 무서울 만큼 집착했다. 거기에 그리스도가 나타난 것이다. 그
리고 사랑을 영화하였다. 한편으로는 사랑을 피의 연결로부터 분
리하고 다른 한편으로는 사랑에 영적인 힘과 충동을 부여했다. 구
약의 신봉자들은 집단혼에 대한 종속성을 전체자아 속의 개별자
아의 본래적 기반이라 생각했다.

혈족공동체의 바깥으로

앞에서 살펴보았듯이 '나와 아버지 아브라함은 하나이다'라는 말

이 구약의 신봉자에게는 특별한 의미를 가졌다. 이것은 아버지 아브라함의 혈액 속에 흐르는 피가 자신 속에도 흐른다는 의식이 자신을 지켜준다는 느낌을 가졌음을 의미한다. 구약의 신봉자는 자신이 집합체 속에서 보호받는다는 느낌을 가졌다. 유전으로 발생한 같은 피를 가진 사람만이 동료였다. 인류사의 초기에는 좁은 범위 안에서 같은 피로 이어진 혈족 사이에서만 결혼이 가능했다. '근친혼'이 굳건히 지켜졌다. 좁은 혈연관계가 점차 넓어져 부족 바깥으로도 나아갔지만 아직 다른 민족과의 결혼은 이루어지지 않았다. 구약의 백성은 완고한 피의 결합을 유지했다. 피에 의한 유대인이 유대인이었다.

　예수 그리스도는 이 원칙에 따르지 않고 피의 연결을 타파하기 위해 중요한 시사를 던졌다. 그러므로 유대 땅이 아닌 갈리아 땅에서 그것을 내보인 것이다. 갈리아는 여러 민족이나 부족 사람들이 모여 사는 땅이었다. '갈리아인'이란 '혼혈아'를 뜻한다. 그 갈리아인이 사는 곳에 예수 그리스도가 간 것이다. 물질적인 기초에 구속되지 않는 사랑은 혼혈로 태어난 사람들 사이에서 일어나야 마땅했다.

　그리스도가 갈리아에서 결혼식 자리에서 말한 내용은 인류의 미래를 암시한 것이다. 그러므로 '갈리아에서 벌어진 결혼식'이다. 지금 그 자리에서 일어난 어떤 일의 의미를 이해하려면 다시 인류의 진화 전체로 눈길을 돌려보아야 한다.

'나는 나다'로 나아가는 과정

신비주의의 관점에서는 단순히 외적인 것, 단순히 물질적인 것은 존재하지 않는다. 물질적인 것은 모두 영적 혼적인 것의 표현이다. 우리의 얼굴이 영적 혼적인 것의 표현인 것처럼 태양의 빛은 영적 혼적인 빛의 표현이다. 단순한 물질적 과정으로 보이는 어떤 것도 영적 과정의 표현이다. 신비주의는 물질적인 것을 부정하지 않으며, 아무리 조잡한 물질이라고 해도 영적 혼적인 것의 표현이라고 주장한다. 우주에서 영적 진화과정은 늘 물질적인 일들이 거기에 대응하기 때문이다.

예전 사람들은 아직 유럽과 아메리카 사이에 대륙으로 존재하던 아틀란티스에 살았고, 거기서 '후아틀란티스기'로 이어졌다. 그리고 여러 세대를 통하여 우리 시대에까지 이른 것이다. 아틀란티스기에서 후아틀란티스기로의 진화를 집단혼 속에 잠겨 있던 아틀란티스 인류에서 개별자아가 천천히 성숙하는 후아틀란티스 인류로 진화하는 과정으로 이해할 수 있다. 그리스도가 그 압도적인 영적 충동을 통하여 사람들에게 던져 준 것은 다른 충동들에 의해 미리 천천히 준비되었다. 야훼는 아스트랄체 속에 집단자아를 불어넣어 아스트랄체가 완전히 독립된 '나는 나다'를 받아들일 수 있도록 천천히 그것을 성숙시키는 역할을 했다. 그렇지만 육체가 그것을 수용하기에 적절한 도구가 되지 못한다면 '나는 나다'는 사람들에게 받아들여지지 않을 것이다. 설령 아스트랄체가 자아를 받아들였다 하더라도 육체가 그것을 받아들이기에 적절한 도구역할을 하지 못한다면 인간은 '나는 나다'를 의식할 수 없다. 그러므로 아직 '나는 나다'를 받아들일 수 없었다. 이 지상에서 개인으로 살아가기 위해서는 육체가 적절한 도구가 될 수 있어야 한다. 육체는 아스트랄체가 성숙했을 때 '나는 나다'의 도구가 될 준비를 해야 하는 것이다.

우리는 역사 속에서 '나는 나다'라고 의식할 수 있는 자기의식적인 인간을 수용할 수 있을 만큼 육체가 진화하는 과정을 더듬어 볼 수 있다. 성서 속에도 그런 시사가 있다. 고아틀란티스기의 마지막 조상이었던 노아가 '최초의 술꾼'이었다는 것, 처음으로 알코올의 작용을 체험했다는 사실이 그것을 암시한다. 여기서 나는 많은 사람에게 충격을 줄 어떤 발언을 하지 않을 수 없다.

디오니소스 숭배와 알코올의 역할

후아틀란티스기에 새로운 제사의 형태로 디오니소스 숭배라는 것이 나타났다. 잘 알 듯이 디오니소스 축제는 포도주와 관련된다. 이 특별한 음료는 후아틀란티스기에 처음으로 나타나 인류에게 큰 영향을 끼쳤다. 물론 어떤 소재도 나름의 방식으로 인간에게 작용할수 있지만, 알코올이 작용하는 방법은 좀 특별하다.

그것은 인류 진화과정에서 하나의 큰 사명을 가지고 있었다. 인체에 작용하여 인격적인 '나는 나다'가 나타나도록 신과의 관계를 단절시키는 것이다. 알코올은 인간이 이전부터 감싸여 있던 영계와의 관계를 단절시키는 작용을 한다. 이 작용은 오늘날에도 유효하다. 알코올은 무작정 인류사 속에 존재한 것이 아니다. 미래의 인간은 아마도 이렇게 말할 것이다. 알코올이 인간을 물질 속에 스며들도록 작용했기에 인간은 이기적인 존재가 되었다. 알코올은 인간이 스스로를 위해 자아를 추구하고 자아를 민족 전체에 봉사하지 못하게 만들었다. 알코올에는 집단혼이 인류에게 던져준 것과 정반대의 역할을 수행했다.

알코올은 고차적 세계에서 전체와 하나로 느끼는 능력을 인간에게서 빼앗아 버렸다. 그러므로 디오니소스 축제는 취기라는 방법으로 공동생활을 육성하는 것이다. 전체를 꿰뚫어보지 않고 전체 속에 매몰되는 것이다. 후아틀란티스기의 진화가 디오니소스 숭배와 결합된 것은 이 축제가 알코올의 사명과 기능의 상징이었기 때문이다.

지금 인류는 다시금 왔던 길을 거슬러 올라가려 한다. 자아를 발달시킨 인간이 다시금 신적이며 영적인 힘과 연결고리를 찾으려 한다. 현대에 이르러 처음에는 무의식적으로 알코올에 대한 반대운동이 나타났다. 이 운동이 일어난 것은 많은 사람들이 예전에는 특별한 의미를 가졌던 것도 영원히 그 정당성을 보장받을 수 없다는 것을 느꼈기 때문이다.

특정한 시대에서 알코올이 수행한 역할을 강조한 것은 딱히 알코올을 찬양하기 위해서가 아니다. 알코올은 알코올의 사명이 있었다는 것, 시대에 따라 그 역할이 다양하게 바뀐다는 것을 명확히 하기 위해서이다. 인류가 알코올의 힘을 빌려 자기중심적일 수 있었던 같은 시대에 영계와 다시금 결합하려는 충동을 인간에게 던져주는 강력한 힘이 나타났다. 한편으로 인간은 자립하기 위해 깊은 곳까지 내려가지 않으면 안 되었지만, 다른 한편으로 다시금 영계로 나아가는 길을 회복하려는 충동을 가질 수밖에 없었다.

　그리스도는 이것을 그 사명의 최초의 징표 속에서 암시했다. 먼저 자아가 자립해야 하고 그렇기 때문에 피로 연결되지 않은 사람들 쪽으로 나아갔음을 암시했던 것이다. 그는 술의 영향을 받는 결혼식에 갔다. 결혼식에서는 포도주를 마신다. 예수 그리스도는 어떤 방식으로 그가 시대에 맞는 사명을 다하는가를 드러냈다. 물을 포도주로 변화시킨 것이 어떤 의미를 가지는가에 대해서 참으로 기묘한 설명을 하는 사람들이 있다. 구약의 밍밍한 물이 신약의 풍미 있는 포도주로 바뀐 것이라고 설명하는 사람도 있다. 아마도 그는 포도주 애호가일 것이다.

물의 세례와 정령의 세례

그러나 이 상징은 그리 단순한 것이 아니다. 그리스도의 말을 다음과 같은 의미로 받아들여야 한다. '나의 사명은 저 먼 미래를 향하고 있다. 그 사명은 자립한 인간을 신성과 연결시키고 자립한 자아가 자유롭게 신성에 대한 사랑을 가질 수 있게 하는 것이다'

　이 사랑은 인간을 자유롭게 신성과 연결시켜주는 것이다.

　예전에는 집단혼의 내적 강제력이 인간을 신성에 종속시켰다. 인간은 집단혼과의 결합 속에서 신성과의 관계를 느꼈다. 그리고 인간은 하강했다. 물질 속에 잠겨들어 타락하여 신으로부터 분리된 느낌을 가졌다. '인간이 지금 소유한 이 물질은 어디서 유래한 것인가? 그리고 인간은 어디서부터 떨어져 내렸는가?' 인간은 스스로 그렇게 물었다.

우리가 지구 진화를 과거로 거슬러 올라가면 갈수록 딱딱한 소재는 뜨거운 열기를 띤 상태에서 유동화하고 액체화한다. 지구가 아직 액체상태의 행성이었을 때 이미 인간은 존재했다. 그러나 당시의 인간은 후세처럼 신성으로부터 분리되지 않았다. 지구가 굳어감에 따라 인간 또한 물질화하여 부정한 존재가 되었다. 지구가 액체였을 즈음의 인간은 '물' 속에 포함되어 아직 신성과 완벽하게 연결되어 있었다. 이 태고의 신적 결합을 떠올리기 위해 인간은 물의 세례를 받았다. 물의 세례는 그것의 상징이다. 그대는 여기서 태곳적 신성과의 결합을 기억 속에서 떠올려 보아야 한다. 그대는 지금 부정하고 타락한 존재이다.

그런 식으로 세례 요한은 인간으로 하여금 신성에 다가가게 하려 했다. 고대의 세례에는 그런 의미가 있었다. 극단적으로 표현해 보았는데, 이것은 우리에게 무엇이 문제인가를 의식하게 하기 위해서이다.

예수 그리스도의 세례는 인간을 과거로 향하게 하는 것이 아니라 인간의 내적 영성을 고양시켜 미래로 향하게 하려는 것이다. 구름 한 점 없이 '성스러운 영'을 통하여 인간의 영성을 신성에 연결시키려 하는 것이다. 물의 세례는 기억의 세례였다. 그러나 '성령'의 세례는 미래를 가리키는 예언의 세례이다. 물의 세례는 완전히 잃어버린 그 관련성을 떠올리게 하는 것이고, 제물로서 포도주가 그 관련성이 상실되었음을 상징하였다. 디오니소스는 갈가리 찢긴 신으로서 하나하나의 혼속에 들어갔다. 디오니소스의 상징인 알코올이 인류에게 주어진 결과로 인간은 많은 부분으로 나뉘어져 물질 속으로 던져졌다. 그러나 카나의 결혼식에는 위대한 원칙이 살아 있다. 그것은 교육적인 진화의 원칙이다. 분명 절대적인 진리는 존재한다. 그러나 그 진리를 즉각적으로 인류에게 제공할 수는 없다. 모든 시대에는 나름의 존재양식이 있고 특별한 진리가 있는 것이다.

윤회전생의 가르침

무슨 이유로 오늘날 우리는 윤회전생에 대해 알아야 할까? 왜 이런 모임을 가지고, 그리고 영학을 배워야 할까? 왜냐하면 여기 있는 모든 사람의 혼은 제각각의 방식으로 많은 재생을 반복했기 때문이다. 여기 있는 사람 가운데 처음부터 게르만인으로 태어난 혼도 보인다. 이 독일 땅은 예전에는 도르이드교의 사제들이 활동하였고, 영적 진리를 신화나 전설의 형태로 전했다. 당시의 혼이 그런 형태로 진리를 받아들였기 때문에 같은 혼이 오늘날 신지학을 이해하는 것이다. 당시는 신화의 이미지 속에서, 오늘날은 신지학의 형식으로 진리를 받아들인다. 신지학이라는 형식은 오늘날의 인간 또는 거기에 직접 연결된 미래 인간의 것이다. 먼 훗날의 세대에는 또 다른 형식으로 진리가 전해질 것이다. 그때는 지금의 신지학이 하나의 기억으로 다루어질 것이다. 마치 오늘날의 인간이 전설이나 옛날이야기를 말하듯이. 그러므로 신지학도는 고대인이란 어린아이 같은 바보스런 사람이었고 오늘날의 우리는 멋지고 발전을 이룬 인간이라고 생각해서는 안 된다.

이를테면 일원론자는 그렇게 생각한다. 그러나 우리는 다음 시대를 준비하기 위해 신지학을 배운다. 왜냐하면 우리 시대가 존재하지 않으면 다음 시대도 존재하지 않을 것이므로. 그렇지만 미래를 위해서라는 명목으로 현재를 외면하고 비틀어서는 안 된다. 신지학이란 이름으로 말도 안 되는 윤회전생에 대한 설명이 횡행했다. 내가 만난 사람 가운데는 현세에서는 제대로 살 생각이 없고 내세에 태어나면 제대로 살아보겠다는 말하는 사람도 있다. 그렇지만 지금 시작하지 않으면 내세에 어떤 결과를 나타낼 수 없다. 절대적인 형식을 가진 진리 따위는 존재하지 않는다. 인류진화의 각 시대에 따라 진리는 다르게 인식된다. 최고의 충동이라고 해도 생활습관 속에 깊이 파고들어야 한다. 그리고 최고의 진리도 그 시대에 이해될 수 있는 방식으로 말해져야 한다. 그러므로 그리스도는 인류가 어떻게 스스로를 신성까지 고양시켜야 하는가를 디오니소스 축제의 제물인 포도주로 표현하지 않을 수 없었다. 그리스도가 왜 물을 포도주로 바꾸었는지를 광신적인 태도로 해석해서는 안 된다. 시대를 고려하지 않으면 안 되는 것이다. 일종의 디오니소스적인 제의를 통하여 그리스도는 다가 올 시대를 준비했다. 그리스도는 갈리아인에게로 갔다. 갈리아인은 여러 민족이 모인 집단으로 혈연관계 아래에서 지내는 사람들이 아니었다. 그런 장소에서 그는 스스로의 사명에 대한 최초의 징표를 드러낸 것이다. 물을 포도주로 바꾸면서까지 그 사람들의 생활관습에 순응한 것이다.

　그리스도는 그렇게 하여 다음과 같은 것을 나타내려 했다. '내가 포도주를 마시는 상징적인 행위를 통하여 나타내려는 것처럼

물질성의 단계로 내려 온 사람들까지 영적 관련성으로 이끌고 싶다'

그리스도는 물의 세례를 통해 스스로를 고양시킬 수 있는 사람들만을 위해 작용하려 하지 않았다. 여섯 개의 정화의 항아리가 놓여 있다는(2장 6) 사실에 주의해야 한다. 여섯이라는 숫자에 대해서는 나중에 말할 것이다. '정화'는 세례로 이루어진다. 복음서 시대에 세례라는 말이 사용될 때 그 세례란 정화를 뜻한다. 당시는 '세례'라는 명사가 아니라 '세례하다'라는 동사를 사용했다. 그리고 세례에 의해 일어난 일을 '정화'라 하였다. 요한복음서에서는 '세례하다'라는 동사 외에는 사용되지 않는다. 그러나 그것을 명사로 사용할 때는 늘 정화를 뜻한다는 사실을 알아두자. 그것으로 인간이 예전에는 신성과 연결되었다는 사실을 기억하기 위해서이다. 이렇게 하여 정화의 제의를 위한 상징인 항아리 안에도 예수 그리스도는 징표를 남긴다. 그 징표를 통해 그는 시대에 어울리는 스스로의 사명을 시사한 것이다.

시대에 대한 작용

이렇게 하여 우리는 갈리아 카나의 결혼식에서 그리스도의 가장 깊은 사명이 표현되어 있다는 것을 알았다. 그는 이렇게 말한다. '나의 시대는 미래에 찾아 올 것이다. 아직은 아니다. 내가 여기서 나타내는 일들은 나의 사명에 의해 언젠가는 극복되어야 할 일과 관련이 있다'

그는 현실 속에 서서 동시에 미래를 가리키고, 자신이 절대적인 의미에서가 아니라 문화적, 교육적인 의미에서 시대에 작용을 가한다는 뜻을 명백히 한다. 그러므로 어머니가 그에게 '그들에게 포도주가 없다'고 하소연하자 그는 대답한다. 내가 지금 이루어야 할 일은 아직 옛 시대의 '나와 그대'에 관련되어 있다. 왜냐하면 나의 본래 시대, 포도주가 다시 물로 돌아가는 시대는 아직 오지 않았으므로.

결국 그는 어머니 말에 따른다. 그렇다면 '여자여, 나와 그대는 도대체 어떤 관계인가'라는 예수 그리스도의 말에는 도대체 어떤 의미가 내포되어 있을까? 거기에 의미가 있다고 한다면 피의 연관성으로 인류가 현재의 상태에 도달했다는 것, 그리고 알코올을 마심으로써 피의 결합으로부터 자립하는 자아의 시대가 왔다는 것을 시사하기 위해서 옛 관습에 따라 '징표'가 이루어졌다는 것, 즉 포도주로 상징되는 오래된 시대를 아직은 고려하지 않으면 안 된다는 것, 그러나 '그의 때'인 미래의 시대가 찾아오리라는 것, 이런 내용들을 이해하지 않으면 안 된다.

니코데모와의 대화

복음서는 앞으로 나아갈수록 이중적으로 기술된다. 첫째, 신비주의적인 진실을 이해할 수 있는 사람을 대상으로 한다는 것이다. 오늘날은 영학이 공개되어 있다. 그러나 당시는 어느 정도까지 실제적으로 비의를 전수한 사람만이 영학적 진리를 이해할 수 있었다. 예수 그리스도가 말하는 깊은 진리를 누군가는 이해할 수 있었을 것이다. 몸이 아닌 것으로 지각할 수 있었던 사람, 육체를 벗어나 영계를 의식할 수 있었던 사람들이다. 비의에 입문하여 이미 영시를 할 수 있는 사람들만이 예수 그리스도가 하는 말을 이해할 수 있었다.

예수 그리스도가 자신을 이해해 주는 사람을 만나기 위해서는 어느 정도 견령능력을 가진 사람들에게로 나아가지 않을 수 없었다. 혼의 윤회전생에 대해서는 니코데모와의 대화가 그러하듯 견령능력을 가진 사람에게 말했다. '바리새파에 속하는 니코데모라는 사람이 있었다. 유대인을 다스리는 관리였다. 그가 어느 날 밤 예수를 찾아와'(3장 1-2)

이런 문장을 읽을 때는 말을 세밀하게 가늠해 보아야 한다. 니코데모가 '어느 날 밤' 예수를 찾아온 것은 예수 그리스도가 말하려는 그런 내용을 니코데모가 육체의 바깥에서 들었음을 암시한다. '밤', 다시 말해 영적인 감각을 활용하는 시간에 그는 그리스도에게 간 것이다. 나다나엘과 예수 그리스도가 비의 입문자로서 무화과나무에 대한 문답을 통해 서로를 이해했듯이 이 경우도 하나의 인식능력이 암시되어 있다.

사마리아 여자와의 대화

둘째, 혈연관계를 넘어 선 그리스도의 사명이 제시된다. 이것은 그리스도가 우물가에서 사마리아 여자를 만나는 장면에서 선명히 드러난다. 혈족공동체를 벗어난 사람들에게 필요한 자아에 대한 가르침을 여자에게 던져준다.

사마리아를 지나가지 않으면 안 되었다. 거기서 야곱이 그 아들 요셉에게 주었던 땅에 가까운 사가라는 마을에 이르렀다. 거기에는 야곱의 우물이 있었다. 예수는 지친 몸으로 우물가에 앉았다. 정오쯤이었다.

사마리아 여자가 물을 길러 왔다. 예수는 여자에게 물을 달라고 했다. 그러자 사마리아 여자는 '유대인인 당신이 왜 사마리아 여자인 나한테 물을 달라고 하나요?'하고 말했다. 유대인은 사마리아인과 교류하지 않았기 때문이다. (4장 4-9)

그리스도가 집단혼에서 벗어난 뿌리 잃은 민족들이 사는 곳으로 가는 것이 특별한 행위라는 사실을 암시하는 장면이다.

이어서 왕의 관리에 대한 이야기에서는 혈연에 의한 결혼만이 아니라 피에 의한 신분제 또한 그리스도가 타파한다는 것이 명백히 드러난다. 그리스도는 기댈 곳을 잃어버린 자아들에게로 나아간다. 그는 관리의 아들을 치료하는데, 유대인의 사고방식으로는 왕의 관리와 예수는 아무런 관계도 없는 존재이다. 어디를 가든 그리스도는 개인 속에 존재하는 독립된 자아를 위해 움직인다. 그러므로 그는 다음과 같이 말한다.

"내가 자아에 대해 말할 때는 결코 고차적 의미에서의 내적인 자아가 아니라 각자의 내면에서 찾을 수 있는 '나는 나다'에 대해 말한다. 나의 자아는 아버지와 하나이다. 그리고 각자 속에 존재하는 자아 또한 아버지와 하나이다"

우물가에서 그리스도가 사마리아 여자에게 가르친 것도 이런 것이다.

자립의 가르침

여기서 세례 요한의 말을 되새겨 보자. 물론 적당히 읽고 넘어가
서는 안 된다.

> "위에서 오시는 이는 모든 것 위에 계신다. 땅에서 나온 이
> 는 땅에 속하고, 땅에 속하는 이로서 말을 한다. 하늘에서
> 오신 분은 모든 것 위에 계신다. 이 분은 보고 들은 것을 증
> 거하시나 아무도 그 증거를 받아들이지 않는다. 그 증거를
> 받아들이는 이는 하느님이 진실임을 확인한 것이다. 하느
> 님이 보내신 분은 하느님의 말로 이야기한다. 하느님이 끝
> 도 없이 성령을 내려주시기 때문이다"(3장 31-34)

이 말을 번역된 말 그대로 진실로 이해할 수 있는 사람이 과연
있을까? '하느님이 끝도 없이 성령을 내려주시기 때문이다' 이 문
장은 무엇을 뜻하는 것일까? 많은 말들을 통해 그리스도는 이런
말을 하고 싶었던 것이다.

'내가 자아에 대해 말할 때는 인간 속의 영원한 자아를 말하는
것이다. 그것은 우주의 영적 근거의 하나이다. 이 자아에 대해 말
하는 나는 인간의 혼 가장 깊은 곳에 살아가는 것에 대해 말한다.
내 말에 귀를 기울이는 누군가가 어떤 영원함도 느끼지 못하는 저
차원의 자아만을 문제로 삼으려 한다면, 그 사람은 내 말을 받아
들이지 못할 것이며, 나를 이해하지도 못하는 것이다. 왜냐하면

내 속에서 그 사람에게 아무것도 흘러가지 않을 것이므로. 그 사
람은 자립할 수 없을 것이다. 자립하기 위해서는 어떤 사람도 내
가 말하는 신을 스스로의 내면에 스스로의 영원한 근거로서 찾아
내지 않으면 안 된다.'

복음서에 이런 구절이 있다.

"요한도 살렘 가까운 애논에서 세례를 주었다. 물이 풍부한 곳
이기 때문이다. 사람들이 거기서 세례를 받았다. 요한은 아직 투
옥되지 않았다. 그런데 요한의 제자들과 어떤 유대인 사이에서 세
례에 대한 논쟁이 일어났다"(3장 23-25)

세례 형식 문제로 논쟁이 일어난 것이다. 그런 문제를 논할 때
는 늘 신적인 것과 어떻게 관련되는지, 그리고 물질과 인간이 어
떻게 결합될 수 있는지가 초점이 된다.그리고 오랜 신 관념에 따
르면, 사람은 집단혼을 통하여 신과 연결된다. 그때 한 사람이 나
타나 요한에게 말한다.

'예수가 세례를 주고 있다'

그러자 요한은 예수를 통하여 세상에 나타나는 것이 아주 특별
한 일이라고 설명한다. 그는 이것을 명확히 하기 위해 이렇게 말
한다.

"예수는 오래된 세례가 상징하는 그런 관련성을 가르치는 것
이 아니라 자립한 자아의 자유로운 활동에 의해 인간이 인도된다
는 것을 가르치는 것이다. 각자가 스스로 '나는 나다'라는 신을 발
견하지 않으면 안 된다. 그렇게 함으로써만 신적인 것을 내면에서
발견할 수 있는 상태에 이를 수 있다"

이러한 말을 위와 같은 뜻으로 읽는다면 '나는 나다'와 '그' 스스로가 신의 사도라는 사실을 알게 될 것이다. 신의 부림을 받는 사람들은 이러한 방식으로 신의 '불'을 이 땅에 지피러 온 것이다. 그 사람은 혈연으로서가 아닌 진정한 의미에서 신을 알리는 것이다.

그래서 이 부분을 본래적인 의미에서 번역해 보고자 한다. 그러려면 먼저 고대인의 가르침이 어떤 것이었는지를 명백히 해야 하겠다. 그렇게 하면 필요한 소재를 얻을 수 있을 것이다. 그 소재는 많은 문장들 속에 아주 멋들어지게 기록되어 있다. 이를테면 구약성경의 아가(雅歌)를 예로 들자면, 거기에서도 교묘한 표현들 가운데 신성이 고지되어 있다. 다만 거기서는 오래된 피의 관련성이 신과의 관련성이라고 말한다. 사람들은 그것을 배울 수 있었다. 그러나 이 오래된 신성과의 관련성 이외의 것은 배울 수 없다. 그리스도를 이해하는 데는 어떤 오래된 율법도 오래된 약속도 필요 없다. 그리스도의 가르침은 그 내면에서 영적 자아를 파악하는 정도에 따라 이해된다. 신성의 모든 것을 알지 못하더라도 예수 그리스도의 말을 이해할 수 있다. 이해하는 데 필요한 전제조건이 갖추어져 있기 때문이다. 모든 아가를 알아둘 필요는 없다. 잘 짜여진 교리도 필요없다. 더 없이 단순한 말, 아주 짧은 말로도 신을 증거할 수 있는 것이다. 어떤 '척도'도 필요로 하지 않는 개개의 말만으로도 충분하다.

말을 더듬는 사람이라도 자아에 의해 스스로를 신이 부른 자임을 느꼈다. 그리고 그리스도가 말하는 바를 이해할 수 있었다. 신과의 지상적인 연관성밖에 모르는 사람은 아가의 운율로 말하지만, 그 모든 운율이 그 사람을 오래된 신들로 이끌어 주었다. 그러나 자신이 영계에 근거를 가지고 있다고 느끼는 사람은 모든 지상적인 관련성을 초월하여 영계에서 보고 들은 일을 증거할 수 있었다.

그렇지만 일반적인 방식으로만 증거를 받아들이려는 사람들은 그러한 증거를 거부한다. 그 증거를 받아들이는 것은 자신을 신이 부리는 존재라는 사실을 느끼는 사람들이다. 그 사람들이란 다른 사람이 말하는 것을 믿을 뿐만 아니라 이해하고 그 이해를 통하여 자신의 말을 보증한다. '자아를 느끼는 사람은 설령 말을 더듬더라도 신의 말을 펼쳐 보인다' 이 말은 그런 뜻이다. 왜냐하면 그런 사람은 운율로 자기를 말할 필요가 없기 때문이다. 말을 더듬고 더 없이 단순한 사람도 스스로를 표현할 수 있다.

그렇다고는 하지만 이것이 '무지할 수 있는 권리'를 인정하게 하는 증명서처럼 받아들여져서는 안 된다. 고차적인 비밀을 소박한 언어로 말해야 한다고 해서 예지를 부정하는 사람은 대부분 무의식적으로 안이함을 좋아하는 경향 때문에 그렇게 하는 것이다. 하느님이 끊임없이 성령을 준다는 것은 성령에는 한계가 없음을 나타내려는 표현일 뿐이다. 그러나 진정 성령이 존재하는 곳에서는 적절한 한도를 넘지 않는다. 적절한 수준을 지킨다고 해서 모두가 영적인 것은 아니지만, 영적인 사람은 도를 넘지 않는다. 모든 경우에 그 반대도 진리가 아니다. 적절한 한도를 가진다는 것이 영적인 것의 표시는 아니지만, 그렇다고 해서 한도가 없어야 영의 표시가 되는 것도 아니다. 학문이 예지의 징표가 될 수 없으며, 무지 또한 예지의 징표가 될 수 없다.

이상으로 그리스도가 내면의 '자립한 자아'를 자극한다는 것을 설명했다. 이 부분에서 '한도'는 운율의 의미로 예술적인 뜻으로 받아들여야 한다. 앞에 말한 한 구절을 문자 그대로 번역한다면 이렇게 된다. 신을 '나는 나다' 속에서 파악하는 사람은 설령 말을 더듬는다 해도 신의 말을 증거하고 신의 길을 찾아낸다.

'나는 나다' (1908년 5월 25일)

예수 그리스도와 니코데모의 대화는 그리스도와 고차적 인식 기관을 발달시킨 인물과의 대화였다. 니코데모는 육체 바깥에서 영계를 지각할 수 있는 사람이었다.

니코데모가 '밤이 되어' 예수 그리스도에게 찾아왔다는 말이 그것을 나타낸다. '밤이 되어'라는 것은 외적 감각기관을 사용하지 않는 의식 상태에서, 라는 뜻이다. 이 '밤이 되어'에 다양한 사람이 가한 통속적인 해석을 일일이 다루지는 않겠다. 잘 아는 바처럼 이 대화 속에서 인간이 '물과 영으로' 다시 태어난다고 말한다. 그리스도가 니코데모에게 윤회전생에 대해 말하는 내용(3장 4-5)은 아주 중요하다.

"니코데모가 물었다. 사람이 늙어서 어떻게 다시 태어날 수 있습니까? 다시 어머니의 태 속에 들어가 태어날 수 있습니까? 예수 대답하기를, 확실히 말해두노니, 물과 영으로 태어나지 않으면 하느님 나라에 들어갈 수 없다"

이 말은 섬세하게 해석되어야 한다. 여기에 대해서는 이미 말했다. 먼저 그 말뜻을 제대로 알아야 한다. 자주 인용되는 구절이 있

다. '문자는 죽이는 것이오, 영은 살리는 것이다'(고린도후서 3장 6)
흔히 사람들은 이 구절을 아주 기묘한 방식으로 이해한다. 이 말
을 특허처럼 인용하며 '실제정신'이라는 이름의 환상을 이 말에
서 찾아내고, 영에 이르기 전에 문자를 배우려 애쓰는 사람에게
이렇게 말하는 것이다. '글자 따위 아무런 소용이 없어. 문자를 죽
이고 영을 살려야 해'

　이런 식으로 말하는 사람은 다음과 같이 말하는 사람과 같은 수
준이다.

　'영은 본래적으로 살아 있는 부분이고 신체는 죽은 부분이다.
그러므로 신체를 파괴해 버리면 영이 살아갈 수 있다'

　이렇게 말하는 사람은 영이 단계적으로 형성되는 것이고 물질
계의 경험을 영에게 전달하기 위해서는 신체기관을 활용해야 한
다는 것을 모른다. 우리는 우선 문자를 알아야 한다. 그러면 마치
인간의 영이 모든 것을 몸을 통해 받아들일 때, 몸이 인간의 영에
서 벗어나듯이 이 문자를 죽일 수 있는 것이다.

　요한복음서는 바로 이 부분에서 의미심장한 사실을 말하고 있
다. 이제 더 먼 진화의 과거로 거슬러 올라가야만 이 장의 의미를
밝혀낼 수 있다. 그렇지만 이전의 인류가 어떤 상태에 있었는지
알기 전에 그 충격을 완화하기 위해 다시 한 번 여러분과 함께 아
틀란티스기로 가 보도록 하겠다.

레무리아기와 아틀란티스기의 인간
앞에서도 말했듯 인간의 조상은 대홍수 전설을 통해 전해오는 저

대지의 대변동 이전에는 오늘날의 대서양 해저지반을 형성하는 서방의 대륙에 살았다. 고아틀란티스라 불리는 이 대륙이 우리 조상의 거주지였다. 이 아틀란티스기의 마지막 시절을 영적인 눈으로 바라보면, 아주 먼 과거임에도 불구하고 인간의 모습이 오늘날과 비슷하다는 것을 알 수 있다. 거기서 아틀란티스 초기로 거슬러 올라가면 오늘날과는 완전히 다른 모습이 나타난다. 그러면 더 과거로 나아가보자.

아틀란티스 이전의 인간은 레무리아 대륙에 살았다. 레무리아 기도 지구의 압도적인 변화에 의해 멸망했다. 레무리아 대륙은 거의 오늘날의 남아시아, 아프리카, 오스트랄아 사이에 걸쳐 있었다. 영시를 통해 보면, 레무리아에 살던 인간은 오늘날의 모습과 완전히 다르다. 여기서 레무리아기의 인간과 초기 아틀란티스 시대의 인간 모습을 자세히 기술할 필요는 없을 것이다. 영학상의 기술을 일정부분 받아들인다 하더라도 고레무리아기의 인간 모습은 거의 믿을 수 없을 만큼 지금과 다르다. 그렇지만 지구의 진화과정에서 인간에게 일어난 일을 이해하기 위해서는 어떻게든 표면적으로라도 그 인간 형상에 대해 언급해 둘 필요가 있다.

물론 당시에는 존재하지 않았던 오늘날 우리들의 감각으로 레무리아 말기와 아틀란티스 초기로 눈길을 돌려 여러 지역의 모습을 보았다고 하자. 실제로는 불가능한 일이지만 한번 그런 가정을 세워 보자. 오늘날의 감각적 지각에 비친 그런 인간을 이 지상에서 볼 수 있다고 생각한다면 그건 큰 착각이다. 당시의 인간은 오늘날의 감각적 대상이 되는 그런 형태를 띠지 않는다. 보이는 것이라고는 해수에 잠긴 땅들이 수증기에 감싸인 채 마치 섬처럼 솟구친 광경뿐이다. 그렇지만 그 솟아오른 섬들도 오늘날의 육지처럼 굳은 상태가 아니다. 부드러운 지면 사이에서 거대한 불이 타오른다. 그런 섬들은 끊임없는 화산활동에 의해 부풀어 올랐다가 잠겨들기를 반복한다. 대지는 타오르는 불의 요소에 지배되고, 모든 것은 흐르면서 끊임없이 모습을 바꾼다. 어떤 지역에서는 이미 어느 정도 차가워진 대지에 오늘날의 동물계 조상들이 산다. 그런 존재들이라면 찾아볼 수 있을 것이다. 파충류나 양서류의 조상처럼 그로테스크한 모습이 보일 것이다. 그러나 인간은 어디서도 찾아볼 수 없다. 왜냐하면 당시의 인간은 그런 딱딱한 신체를 갖지 않았기 때문이다. 인간을 보려면 완전히 다른 곳을 찾아야 한다. 인간은 오늘날의 바다 속 해파리처럼 젤리 형태로 부드럽게 물이나 수증기 속에 존재했기 때문이다. 그 당시 인간의 육체는 물과 수증기 영역 속에 매몰되어 있었다. 인간은 시대를 거슬러 올라가면 갈수록 수증기나 물의 환경 속에 적응하여 희미한 형태를 띤다.

아틀란티스시대에 들어가서부터 인간은 점점 농축되는 과정을 밟는다. 그 과정을 눈으로 더듬어 볼 수 있다면 인간이 물에서 벗어나 지상으로 내려서는 것을 볼 수 있을 것이다. 인간은 비교적 후기에 이르러 대지 위에 살게 되었다. 인간은 물과 공기의 영역에서 벗어났다. 물과 수증기의 영역에서 벗어나 굳어졌다. 예전에는 아직 환경에서 구별되지 않고 환경과 같은 요소를 띤 인간이 존재했던 것이다. 지구의 진화를 거슬러 올라가면 갈수록 인체의 윤곽은 점점 희미해진다.

월기, 토성기의 환경

지구기의 발단은 월기에서 생겼다. 우리는 월기를 '예지의 우주'라 부른다. 월기의 어느 단계까지는 어디에도 딱딱한 땅이 없었다. 월기의 물질상태는 지구기와 완전히 달랐다. 토성기에 이르면 오늘날의 지구와 비슷한 모습을 상상하기도 힘들다. 발을 디디고 설 암석, 타고 오를 나무도 없었다. 오래된 토성진화의 중기 시대에 우주공간 저편에서 그곳으로 접근한다면 특정한 우주체가 공간에 떠돌고 있는 것처럼 보이지도 않을 것이다. 마치 빵 가마 안쪽으로 떨어진 듯 이상한 느낌에 사로잡힐 것이다. 토성기의 유일한 특징은 주위와 완전히 다른 열 상태를 띤다는 것이다. 그것 말고 토성기는 어디서도 다른 공간과 다른 점을 나타내지 않는다.

  신비주의는 물질상태를 물리학처럼 세 가지로 구별하지 않는다. 고체, 액체, 기체에 열체를 덧붙인다. 기체는 토성기의 열체보다도 더 농축된 상태이다. 열은 물질의 단순한 운동상태가 아니다. 제4의 본질상태이다. 토성기는 열만으로 성립하지 않는다. 토성기에서 태양기로 옮겨가면 불의 행성이 한층 농축된다. 태양기는 우리 행성 최초의 기체상태를, 월기는 태양기 이후 최초의 액체상태를 나타낸다. 달이 아직 태양과 연결되어 있던 월기 중기는 액체상태였다. 농경지의 표토 같은 대지는 월기에는 아직 존재하지 않았다. 그것은 지구기가 되어 액정화의 과정을 통하여 나타났다.

지구기 초기의 인간

지구기가 시작되면 지금까지의 다양한 상태를 다시 한 번 반복하게 된다. 우주의 모든 존재는 새로운 진화단계에 이를 때, 이전의 상태들을 반복한다. 우리 지구도 급속하게 토성기, 태양기, 월기 상태를 반복했다. 월기상태는 물과 수증기가 뒤섞인 상태였다. 오늘날의 물이 아니라 물과 비슷한 액체 상태였다. 우주공간에 떠도는 이 액체상의 구체에는 현재의 물과 다른 물과 수증기가 뒤섞였고 그 가운데 인간이 살고 있었다. 아직 고체화되지 않은 액체상 태이므로 뚜렷한 윤곽도 없었다. 인간에게는 자아와 아스트랄체만이 존재했다. 그러나 이 자아와 아스트랄체는 아직 자신들이 다른 것으로부터 분리되었다는 감각도 없이 신령존재의 품에 안긴 채 살았다. 아직 물 같고 수증기 같은 지구를 자신의 몸으로 삼는 신령존재로부터 분리되어 있다는 느낌이 없었다. 그런 아스트랄체와 자아 속에 미묘하고 엷은 인간 싹이 있었다. 그것을 다음과 같은 그림으로 나타내 보았다.

　윗부분에 바깥에서는 볼 수 없는 아스트랄체와 자아가 물의 지구에 녹아들어 있다. 그리고 에테르체와 함께 완전히 희박한 상태의 물질적인 인간 싹을 자신 속에서 꺼낸다. 그것을 이런 그림으로 표현해 보았다. 영적인 눈으로 보면 육체와 에테르체의 싹이 그림처럼 아스트랄체와 자아에 감싸인 것을 볼 수 있다. 우리가 자리에 누워 잠들 때 육체와 에테르체는 지구기 이 최초상태에서는 아스트랄체와 자아에 감싸인 인간 싹이었다. 물 같은 수증기 덩어리가 더 농축되어 감에 따라 아스트랄체와 자아가 이 근원적

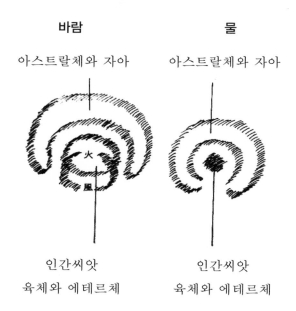

인 물의 지구 모든 곳에서 최초의 인간 싹을 일어나게 한다. 동물과 식물에 대해서는 여기서 다루지 않겠다.

물과 바람의 분리

다음 단계에 물이 농축하여 물과 바람으로 분리된다. 이미 수증기와 물이 뒤섞인 상태에서 벗어나 물과 공기가 분리됨으로써 육체와 에테르체가 더 농축된다. 공기가 물에서 분리되었기에 인체는 스스로 공기처럼 되어 불의 요소를 자신 속에 끌어들인다. 이전 물과 같았던 몸이 지금 공기처럼 변했다. 이렇게 하여 인간의 육체적 = 에테르체적 싹은 불을 머금은 바람으로 존재하게 되며, 아스트랄체와 자아가 그것을 둘러싼다. 그리고 이 모든 것이 물과

불 바람

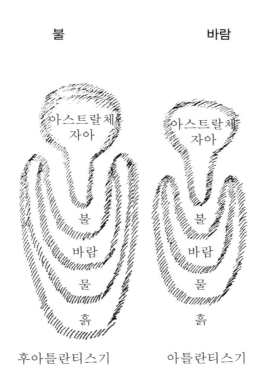

후아틀란티스기 아틀란티스기

바람 양방향 속에서 이리저리 움직이게 되는 것이다.

　이렇게 잠자리에서 든 오늘날의 사람 몸은 바람의 상태로 농축되고 불이 침투한 상태에 놓인다. 불의 인간에게 아스트랄체와 자아가 결합되어 있다. 그러나 이 모든 것은 신의 태내에 감싸여 있다. 다시 말해 아직 스스로를 고유한 자아라 느끼지 못한다.

　이것은 오늘날의 지구 상태와는 아주 다르다. 그러므로 이해하기 어려울 것이다. 도대체 공기 속에 잠겨든 불이란 무엇을 말하는가. 당시 인간이 간직한 불은 지금도 우리 속에 살아 있다. 그것은 혈액의 열기로 몸속을 순환한다. 그리고 예전 공기의 흔적도 현재의 인체 속에 존재한다. 호흡할 때 우리는 육체 속에 공기를 흘려보낸다. 깊이 숨을 들이쉴 때 공기가 혈액 속으로 들어가 공기는 열기를 띤다. 이 공기가 몸 구석구석으로 파고든다.

몸에서 고체와 액체를 모두 빼내버린다면 남는 것은 숨을 들이키는 형상만이다. 산소를 몸 구석구석 불어넣는 모습이다. 그것은 인간의 형상을 띠지는 않지만 공기만으로 형태를 이룬다. 인간 속을 흐르는 '바람'이 인체의 형태를 띠는 것이다. 그것은 바람과 피로 이루어진 일종의 그림자 그림 같은 것이다.

당시의 인간이 그런 모습을 하지는 않았지만 육체와 에테르체는 자아와 아스트랄체로 감싸여 있었다. 그런 상태가 아틀란티스기까지 이어진다.

아틀란티스 초기의 인간이 오늘날처럼 걸어다녔다고 생각해서는 안 된다. 인간은 이제 겨우 바람의 영역에서 농축된 물질계로 내려설 수 있었다. 당시 지상에는 동물들이 있었지만 그 동물들은 물질 속에 수육될 때까지 천천히 기다리지 못한 인간들이었다. 인간에게 어울리는 물질을 만들 수 있을 만큼 지구가 아직 성숙되지 않았기에 동물들의 몸은 그 이상 진화를 이루지 못하고 저차원 형태에 머물렀다. 그것은 물질계에 수육할 때까지 기다리지 못한 결과이다.

물의 인간

인간의 몸은 바람과 열기와 물로 나뉜다. 신비주의적 관점에서 볼

때 물의 인간이 되었다. 그 이전의 인간도 물의 인간이었다는 것
은 정확한 표현이 아니다. 예전의 지구는 물의 구체였지만 그 가
운데 아스트랄체와 자아가 오로지 영적인 방식으로 관계하며 영
적 존재로서 물속을 헤엄치고 있었다. 아직 개별화된 존재는 아니
었다.

  우리는 지금 처음으로 물속에서 해파리처럼 존재하는 인체를
바라보았다. 근원의 바다 속에서 헤엄치며 물속에서 농축되어 형
상을 이루었다. 인간은 그런 모습으로 나타났다. 처음에는 물의
몸이었고, 아스트랄체와 자아는 신령존재 속에 깊이 감싸여 있었
다.

  그 당시 인간의 의식상태는 후세와는 완전히 달랐다. 오늘날처
럼 의식이 없는 밤과 의식적인 낮으로 분리되지 않고 신령존재 속
에 감싸여 밤에도 어두운 아스트랄 의식을 가지고 있었다. 낮에
액체상의 육체에 머물면서 밤을 맞이했다. 그리고 다시금 육체에
서 벗어날 때 눈부신 아스트랄 빛에 감싸였다. 아침에 육체 속에
잠기면 어둡고 둔탁해져 일종의 의식상실 상태에 빠졌다. 그리고
그 육체 속에서 점점 현재의 신체기관이 형성되어 갔다. 그와 함
께 인간은 점차 보는 법을 배우게 된다. 낮의 의식이 밝아지는 만
큼 신의 품에서 점차 분리되었다. 그리고 아틀란티스기의 중기에
이르러 비로소 연골이 형성되고, 나아가 살과 뼈가 형성되었다.
바깥에서는 대지가 점점 딱딱해지고 인간은 대지 위에 내려섰다.
그와 함께 신령계의 의식은 사라진다. 인간은 외계의 관찰자가 되
고 본래의 지구적 시민이 될 준비를 한다. 아틀란티스기 최후의

삼분의 일 즈음에 인간의 모습은 지금과 비슷해진다.

물질계로 하강

이렇게 하여 인간은 물과 수증기의 영역, 물과 바람의 영역에서 내려선다. 물과 바람의 영역에 있었을 때의 의식은 밝은 아스트랄적인 지각능력을 가지고 있었다. 육체에서 벗어날 때마다 의식은 신들에게 머물렀으나 육체가 굳어지면서 신들에게서 분리되어 간다. 인간은 물과 바람에서 벗어나 그릇 같은 존재가 되었다. 인간은 물과 바람이었을 때 신의 품에 있었다. 신의 의식에서 아직 분리되지 않았기에 자아를 발달시킬 수 없었다. 물질계로 내려서면서 아스트랄 의식은 어두워졌다.

이런 진화의 의미를 다음과 같이 말할 수 있을 것이다. 아직 신들의 품에 있었을 때의 육체와 에테르체는 물이며 바람이었다. 그런 다음 점점 지구가 농축됨에 따라 오늘날의 인체로 고정되었다.

이것이 하강의 과정이다. 인간은 하강한 다음에 다시금 상승할 것이다. 인간은 딱딱한 물질 속에서 경험할 수 있는 것을 지금 경험하듯이, 인간은 육체가 물과 바람이었던 영역으로 다시 상승하여 그것을 경험하게 될 것이다. 인간은 다시금 의식적으로 신들과 결합하려고 한다. 자신이 태어난 본래의 고향을 찾으려 한다. 그것을 우리는 뚜렷이 의식해 두어야 한다.

인간은 물과 바람으로 나타나 다시금 바람과 물로 돌아간다. 이런 미래의 상태를 현재는 영적인 방식으로 예견할 수 있을 뿐이지만, 인간은 점점 의식적으로 그런 상태에 이르는 힘을 얻게 될 것

이다. 인간이 이런 의식의 힘을 가졌을 때, 지구의 목표는 달성될
것이다.

왜 그럴까? 그것은 인간이 예전에 살과 흙으로 태어나서가 아
니라 바람과 물에서 태어난 존재였기 때문이다. 프네우마를 바람
또는 수증기로 이해하지 않는다면 복음서를 오해하게 된다. 그러
므로 미래에 인간은 다시금 영적으로 바람과 물로 태어나지 않으
면 안 된다.

복음서가 기록된 시대에 물은 물이었지만 오늘날 '영'으로 번역
되는 '프네우마'는 '바람'이었다. 프네우마를 바람 또는 수증기로
이해하지 않는다면 복음서를 오독하고 말 것이다. 그러므로 니코
데모와의 대화에서 나오는 '확실히 말해두노니, 누구든 물과 영
으로 다시 태어나지 않으면 하느님의 나라로 들어갈 수 없다'(3장
5)의 '영'은 바람으로 번역되고 이해되어야 한다. 이렇게 그리스
도는 미래의 인간과 진화의 깊은 비밀을 암시하였다. 언어를 정확
히 이해해야 한다. 일상언어에서도 기화하기 쉬운 성분을 스피릿
(spirit)이라고 한다. '영'이란 바람을 말하는 것이다. 한 마디 한 마
디를 섬세하게 다루어야 한다. 그러면 문자 그대로의 의미에서 멋
들어진 영적 의미를 발견할 수 있을 것이다.

개별적 내면의 탄생

여기서 진화의 다른 사실에 눈길을 돌려보자. 다시 한 번 신적이
며 아스트랄적인 세계에 인간의 아스트랄체와 자아가 감싸여 있
던 때를 생각해 보자. 우리의 아스트랄체는 아스트랄계에 매몰되

어 있었다. 그리고 지금 말한 과정 속에서 육체와 에테르체가 그릇처럼 만들어졌다. 그와 함께 개개의 인간이 아스트랄계에서 분리되었다. 마치 바다에서 바닷물을 그릇으로 옮기듯이. 육체가 형성되는 한편으로 인간의 개별의식이 신적 의식에서 분리되었다. 시대가 바뀌면서 개인이 아스트랄계에서 하나의 육체의 그릇 속에 들어간다. 이 독립화는 아스트랄 의식이 어두워짐과 동시에 일어났다. 그 대신에 육체의 그릇으로 물질계를 볼 수 있게 되었지만, 오랜 견령 의식을 잃어버리게 된다.

이렇게 하여 개인의 독립된 내면이 자아의 담당자로 나타났다. 잠든 사람의 육체와 에테르체는 그릇이다. 아스트랄체와 자아는 자신을 강화시키기 위해 밤이면 신적인 실체의 품으로 되돌아간다. 물론 당시처럼 견령적 의식을 유지하지는 못했지만 지구기의 진화 속에서 일어난 그 자신의 독립성을 가지게 되었다.

도대체 무엇이 이런 독립된 내면을 만들어냈을까? 인간의 육체와 에테르체이다. 그것이 낮에는 물질감각으로 물질을 보고 밤에는 무의식 상태에 빠져들게 했다. 이 육체와 에테르체를 신비주의는 '본래의 지구인'이라 부른다. 이것이 '사람'이다. 그리고 밤에 거기서 빠져나가는 아스트랄체와 자아를 '사람의 아들'이라 부른다.

'사람의 아들'

예수 그리스도는 무엇을 위해 지상에 내려왔는가. 지구에 무엇을 전하려 했는가?

신의 품에서 벗어난 이 '사람의 아들'이 그리스도의 힘을 빌려 다시금 영적의식을 되찾을 수 있게 하기 위함이다. 인간은 물질감 각으로 물질계를 보면서 지금은 무의식적인 내적 본성의 힘으로 신적 존재를 의식해야 한다. 지상에 출현한 그리스도의 힘으로 사람의 아들은 다시금 신의 품속으로 상승하지 않으면 안 된다. 지금까지는 선택받은 인간만이 비의입문을 통하여 영계를 볼 수 있었다. 고대에는 그런 사람들을 '뱀'이라 불렀다. 뱀이란 비의 입문자를 가리키는 말이다. 그들이 예수 그리스도의 징후였다. 모세는 뱀을 들어올려(민수기 21장 8-9), 다시 말해 사람들을 영계를 보는 상태로 고양시키기 위해 민중을 향해 그 상징을 들어보였던 것이다. 그리스도는 이것을 모든 '사람의 아들'에게 가능하게 하려 한다. 그리스도는 이것을 니코데모와의 대화 속에서 다음과 같이 말한다. '그리고 모세가 광야에서 뱀을 든 것같이 사람의 아들도 들려야 한다' (3장 14)

예수 그리스도는 당시의 비의 표현을 의식적으로 사용했다. 그의 말 한 마디 한 마디를 진지하게 받아들인다면 인지학의 사고방식과도 일치하는 진정한 의미를 이해할 수 있다. 그러므로 고대에 '나는 나다'의 가르침을 예고할 수 있었던 것이다. 각 개인(사람의 아들) 속에 점화되어야 할 '나는 나다'의 힘에 대해 민중은 비의 입문자의 외적 권위를 따를 때만 그것을 배울 수 있었다. 그러나 지금 우리는 이 힘을 자유롭게 충분히 배울 수 있다.

요한복음서에 나타난 '나는 나다'의 의미에 대해서는 이미 설명했다. 이 '나는 나다'는 점차 사람들에게 전해져 공개되기에 이르

렀다. 구약성경에서 예언적으로 암시되었던 '나는 나다'는 하늘
에서 강림하여 수육됨으로써 '충동'(그리스도 충동)이 되어 사람들
에게 맡겨졌다. '나는 나다'는 이미 구약성경에서 예언되고 준비
되었던 것이다.

고차원 신과 예언하는 모세

시대 속에 나타나는 일은 오랜 시간 천천히 준비된다. 예수 그리
스도가 가져다 준 것도 고대 비의의 구약 신봉자들 가운데서 태아
처럼 천천히 자라났다. 구약의 신봉자들, 고대 유대민족 가운데서
준비된 것은 고대 이집트인 가운데서도 성숙되던 것이었다. 고대
이집트인 가운데는 지상에서 일어날 일들을 잘 아는 위대한 비의
입문자들이 있었다. 후아틀란티스 인류기의 제3기에 해당하는 이
집트문화기 사람들은 점점 '나는 나다'의 충동을 느끼게 되었지
만, 이른바 '나는 나다'를 위한 외적 틀을 만들었을 뿐 그리스도원
리 그 자체를 만들어내기에 이르지는 못했다. 그 후 마침내 고대
히브리민족이 이집트에서 탈출했다. 모세는 이집트인 사이에서
특별한 존재, 신의 예언자로 인정받았는데, '나는 나다'를 체현하
는 신에 대해서는 알아들을 수 있는 사람에게만 예언을 했고, '나
와 아브라함은 하나다'라는 말 대신에 '나와 아버지는 하나다'라
고, 나와 우주의 영적 근거가 직접적으로 연결되었음을 표명했다.
구약의 신봉자 태반은 민족의 집단혼에 눈을 돌렸지만, 몇몇 사람
은 이 집단혼 가운데서 자신이 어떤 특별한 신의 가호를 받는다는
것을 느꼈다. 고대 비의 입문자였던 모세는 그리스도가 올 것임을

예언했지만, 이것은 세대를 통해 흘러내리는 피의 원리보다 더 높은 신의 원리가 존재한다는 예언이었다. 신은 아브라함 이후의 피 속에서 작용하였으나 이 신은 영적 아버지의 외적 현상에 지나지 않았다.

모세가 하느님에게 말했다. '파라오에게 가서 이스라엘의 자식들을 이집트에서 데리고 나가란 것입니까. 도대체 나는 누구입니까 ? '

하느님은 말했다. '나는 너와 함께 할 것이다. 이것은 내가 너를 세상에 보낸 징표이다. 네가 나의 백성을 이집트에서 데리고 나간 다음 이 산으로 가서 하느님께 제사를 올려라'

모세가 하느님에게 말했다. '내가 이스라엘의 자식들에게 가서 너희들의 조상신이 나를 너희들에게 보냈다라고 말할 테지요. 그러면 그들은 나에게 신의 이름을 물을 텐데, 그들에게 뭐라고 하면 좋겠습니까 ? '(출이집트기 3장 11-13)

모세는 고차원의 신을 예언했다. 그 신은 아버지 아브라함의 신 가운데서 고차원의 원리로 살고 있었다. 그 신의 이름은 무엇인가. 신은 모세에게 말했다. '나는 나다'(출이집트기 3장 11-14)

여기에 후일 예수 그리스도 속에 수육하여 나타날 '언어의 심오한 진리'가 예언되어 있다. 그리고 말했다. "그러므로 너는 이스라엘의 자식들에게 말해야 한다. '나는 나다'가 나를 너희들에게

보냈노라고"(출이집트기 3장 14)

　　이렇게 기록되어 있다. 다른 말로 하자면, 피를 근거로 하는 민족의 뿌리에 존재하는 이름이야말로 '나는 나다'라는 것이다. 그리고 이 이름이 요한복음서의 그리스도 안에 수육하여 나타난 것이다.

　　그리고 하느님은 또 모세에게 말했다. '그러므로 너는 이스라엘의 자식들에게 말해야 한다. 주가, 너희들의 조상신이, 아브라함의 신, 야곱의 신이 나를 너희들에게 보냈노라고'(출이집트기 3장 15)

　　그러므로 너희들이 지금까지 외부에서 보았던 것, 핏 속에 흐르는 것, 그것은 깊은 의미에서 '나는 나다'라는 것이다. 예수 그리스도를 통하여 세상에 나타나는 것은 이런 방식으로 스스로를 드러낸다. 우리는 '로고스'의 이름을 듣고 그 이름이 당시 모세에 대해 '나는 나다'라고 말하는 것을 듣는다. 그때 로고스가 그 이름을 말하는 것이다. 로고스는 사람들의 오성과 지성이 이해할 수 있는 이름을 선택한 것이다. '나는 나다'의 존재가 예수 속에 수육한 로고스로서 살 속에 나타난다는 것이다.

마나 – 생명의 빵
여기에는 외적인 징표가 있다. 이스라엘 사람이 개념적인 사고로 파악할 있는 '로고스'는 이스라엘 사람들의 핏 속에 이 징표를 통해 흐르고 있다. 그 징표란 사막의 '마나'를 말한다. 마나란 신비학이 가르치는 '마나스' 다시 말해 영적 자아를 가리킨다. 이렇게하여 자아의식을 점차로 획득해 가는 인류 속에 영적 자아의 최초의 작용이 흘러든다. 그러나 마나스 그 자체에 작용하는 것은 다른 이름을 가지고 있다. 그것은 아는 것만이 아니라 받아들일 수 있는 힘이다. '로고스'가 그 이름을 부를 때 사람은 그 이름을 이해하고 이성으로 파악할 수 있어야 한다. 살이 되어 인류 가운데나타난 '로고스'는 가르침이나 개념으로 살아갈 뿐만 아니라, 인간 또한 거기에 관련될 수 있는 힘과 충동으로서 세상 속에 살아있는 것이다. 그 경우 '로고스'는 이미 '마나'라는 이름을 버리고 '생명의 빵'(6장 46)이라 불린다. 이것은 붓디, 다시 말해 생명령에대한 비의적 표현이다.

  사마리아 여자에게 상징적으로 건네진 물, 영의 작용으로 변용된 물과 생명의 빵이란 붓디, 다시 말해 생명령이 인류 가운데 흘러들어온 최초의 알림이다.

골고다의 비의 (1908년 5월 26일)

골고다 비의의 영적 의미

요한복음서 전체는 결국 인류사 속에서 '골고다의 비의'라 불리는 사건에 대한 기록이다. 이 비의를 신비주의적 관점에서 이해하는 것은 동시에 요한복음서의 심오한 뜻을 해명하는 일이기도 하다. 골고다 비의의 중심에는 십자가 위에서 일어난 죽음의 순간에 그 상처에서 구세주의 피가 흘러나왔다는 사실이 있다. 지상세계에서 일어난 이 사건은 요한복음서의 관점에서 볼 때 영적으로 어떤 의미를 띠는가?

골고다의 이 사건은 지상에서 일어나는 모든 일의 중심에 있는 영적인 과정을 말하는 것이다. 오늘날 물질중심의 세계관으로 이런 말을 들으면, 무슨 뜻인지 이해하기 힘들 것이다. 왜냐하면 단 한 번뿐인 골고다의 사건을 물질적으로는 그와 비슷한 다른 일과 구별할 수 없기 때문이다. 그러나 골고다 사건의 이전과 이후는 지상에서 일어나는 모든 일에 결정적이면서 중대한 차이가 있다.

이것을 잘 이해하려면 이렇게 생각해 보아야 할 것이다. 인간 또는 동물만이 육체, 에테르체, 아스트랄체를 가지는 것이 아니라 천체 또한 에테르체와 아스트랄체를 가지고 있다는 것이다. 우리가 사는 별 지구도 마찬가지다. 만일 지구가 에테르체를 갖지 않는다면 식물을 키울 수 없었을 것이고, 아스타랄체가 없다면 동물을 살게 할 수 없었을 것이다. 지구 에테르체의 중심은 물질체 지구의 중심과 같은 곳에 있다. 물질체 지구는 그 자신의 에테르체 속에 잠겨 있고, 그 에테르체와 물질체는 지구의 아스트랄체 속에 잠겨 있다.

지구 진화과정을 관찰하면 지구의 아스트랄체와 에테르체가 늘 같은 존재로만 있는 것이 아니라 변화한다는 것을 알 수 있다.

이것을 선명히 이해하려면 지구 바깥의 어느 별로 옮겨가서 지구를 바라보면 된다. 그러면 지구는 물질로서 우주공간에 떠 있을 뿐만 아니라 빛의 아우라가 그것을 감싸고 있다는 것을 알 수 있다. 그것이 지구의 에테르체와 아스트랄체이다. 만일 그 사람이 골고다 사건이 일어났을 때 지구를 바라보았더라면 다음과 같은 정경을 보았을 것이다. 지구의 아우라인 아스트랄체와 에테르체가 보여주던 아우라의 특정한 색깔과 형태가 골고다 사건 이후 어느 순간부터 변했다는 것을. 예수 그리스도의 상처에서 피가 흘러내렸기 때문이다. 지구 그 자체가 그 순간, 영적으로 변화한 것이다.

태양과 지구의 합체

우리가 '로고스'라 부르는 것은 태양과 결합되어 지구를 향해 하얀 빛을 쏟아낼 뿐만 아니라 영적인 은총을 주는 여섯 엘로힘의 영과 혼이 외적으로 나타난 모습이다. 골고다의 사건이 일어난 순간, 이전에는 오로지 태양에서 지구로 빛의 형태로 흘러들었던 힘과 충동이 지구 그 자체와 합체하기 시작한다. 로고스가 지구와 합체함으로써 지구의 아우라가 다르게 변한 것이다.

골고다 사건을 다른 관점에서 고찰해 보자. 지금까지 우리는 여러 관점에서 인간과 지구의 형성과정을 되짚어보았다. 우리의 지구는 지구기가 되기 이전에 토성기, 태양기, 월기라는 세 번의 변화를 거쳤다. 지구기 앞에 월기가 있다. 진화의 목표에 도달한 혜성은 인간의 경우와 마찬가지로 윤회한다. 행성은 다른 불가시적인 '프라라야'라는 생존상태로 옮겨가고 이어서 새로운 물질화를 달성한다. 그러므로 월기와 지구기 사이에도 중간상태가 있다. 바깥에서 볼 수 없는 이 영적 생명상태에서 지구는 최초의 상태 속에서 빛나고 그리고 거기서 지난 번 강의에서 말한 여러 가지 것들이 일어난다. 처음 빛나기 시작할 당시의 지구는 아직 태양계 전체와 연결되어 있었다. 당시의 지구는 오늘날의 태양계에서 가장 먼 별들의 궤도까지 그 힘을 뻗쳤다. 물처럼 농축된 안개 속에서 인간의 아스트랄체와 자아가 떠돌 즈음까지 태양과 달과 지구는 하나였다. 현재의 태양 속에 있는 영적·물질적 힘들은 지구와 결합되어 있었다.

이어서 태양이 지구에서 분리되었을 때, 눈에 보이는 물질체 태양만이 아니라 영적 태양 또한 그 영적·혼적 본성들, 다시 말해 그 정점에 본래 빛의 신들인 엘로힘을 모시는 태양 거주자들을 데리고 지구로부터 분리되었다. 그리고 오늘날의 달과 지구의 혼합체가 남았다. 그 후에도 지구는 달과 결합되어 있고, 레무리아기에 이르러 양자가 분리되어 태양, 달, 지구라는 세 천체가 오늘날과 같은 관계를 이루었다. 이런 관계가 일어나기 위해서는 엘로힘이 바깥에서 작용해야 했다. 엘로힘 속의 일자가 달의 주신이 되고 거기서 다른 엘로힘들의 강력한 힘을 반사하게 되었다.

현재 우리는 우주공간 속에서 태양과 달에서 분리되어 섬처럼 존재하는 지구상에 살지만, 때에 이르면 지구와 태양은 다시금 하나로 합치고 인간 또한 태양의 강력한 작용과 일체화 될 수 있을 만큼 영화하여 인간과 엘로힘이 같은 무대 위에서 살아가게 될 것이다.

그러나 골고다의 사건이 일어나지 않았더라면 지구와 태양의 합체는 결코 이루어지지 않을 것이다. 골고다의 사건으로 인하여 태양 속 로고스(엘로힘)의 힘이 지구와 연결되었기에 로고스의 힘이 그 자신의 힘에 다시금 촉발되어 태양과 지구를 결합시키려는 충동을 일으키게 된 것이다. 골고다의 사건 이후로 지구는 태양과 다시 합체하려는 힘, 태양으로부터 지구에 흘러드는 로고스의 힘을 스스로의 영적 생명 속에 받아들였다. 그 이후로 지구에는 지구령이 된 로고스가 살아가고 있다.

지구령 그리스도

우리 몸속에 우리의 영과 혼이 살아 있듯이 암석, 식물, 동물로 이루어진 지구체에도 영과 혼이 있다. 그것이 바로 그리스도이다. 그리스도는 지구의 영이다.

그러므로 그리스도는 가장 친밀한 제자들을 향해 이렇게 말했다. '너희 몸속에는 혼이 살아 있다. 지구도 마찬가지다. 너희 살속에 살아가는 영은 살의 영일뿐만 아니라 지구 전체의 영이기도 하다'

그리스도는 자신의 진정한 신체가 지구라고 말한다. '너희들이 풀을 보고 빵을 먹을 때 밀 이삭 속의 무엇을 먹느냐. 내 몸을 먹는 것이다. 너희가 식물의 즙을 마실 때, 무엇을 마시느냐. 지구의 피를, 나의 피를 마시는 것이다'

예수 그리스도는 이렇게 제자들에게 말했던 것이다. 우리는 그것을 말 그대로 고스란히 받아들이지 않으면 안 된다. 예수 그리스도가 제자들을 모아놓고 그리스도교적 비의입문을 상징적으로 말할 때 그는 한 제자가 자신을 배신하게 될 것이라고 했다. 요한복음서 13장 18은 다음과 같이 기록한다.

"내 빵을 먹는 자가 나를 밟을 것이다"

이것을 말 그대로 받아들여야 한다. 인간은 지상의 빵을 먹고 발로 이 땅을 밟고 걸어 다닌다. 지구가 지구령의 몸, 그리스도의 몸이라면 인간은 그리스도의 빵을 먹고 발로 지구의 몸을, 그리스도의 몸을 밟고 있는 것이다.

지구령 그리스도와 지구체에서 가져 온 빵의 의미를 이해한다면 요한복음서가 말하는 만찬의 이념을 더욱 심화할 수 있을 것이다. 그리스도는 이것을 '이것은 내 몸이다'(마가복음14장 22)라고 말한다. 근육이 몸에 속하듯 빵은 지구의 몸, 그리스도의 몸에 속한다. 그리고 식물의 즙, 포도액은 몸에 흐르는 피와 같다. 그리스도는 '이것은 나의 피다'라고 말한다. 이해하려 하지 않는 사람, 이해하고 싶지 않은 사람만이 이런 사고방식으로는 만찬과 관련된 성스러운 인상을 가질 수 없을 것이다. 그러나 이해하려고 하는 사람에게는 성스러움이 결코 사라지지 않는다. 오히려 그렇게 이해함으로써 지구라는 행성 전체가 성스러운 존재가 된다. 그렇게 하여 우리가 만찬 가운데서 골고다의 사건과 지구의 진화 전체를 하나로 연결시키는 지구 최대의 비적을 보는 순간, 그 압도적인 인상에 우리의 혼은 전율할 것이다. 구세주의 상처에서 흘러내리는 피는 인간만이 아니라 우주에도 중요한 의미를 가진다. 그 피는 지구의 진화를 촉진하는 힘이다.

요한복음서의 심오한 뜻을 이해하는 사람은 자신의 물질체가 지구의 물질체와 하나로 연결되어 있을 뿐만 아니라 자신의 영적·혼적 본질이 그리스도 지구의 영적·혼적 본질과도 연결되어 있음을 느낀다. 지구령 그리스도가 지구를 꿰뚫고 흐르기 때문이다.

예수 그리스도와 하나로 연결된 지구의 이 심오한 비밀을 알았을 때, 요한복음서의 작자의 마음속에는 어떤 사념이 일어났을까. 예수 그리스도의 내면에 얼마만한 충동이 작용하고 있었는지, 그것을 받아들이는 인류의 내부에 이 충동이 어떻게 작용하는지, 그는 그것을 느꼈던 것이다.

마나스, 붓디, 아트만

이러한 요한의 사념을 통찰하려면 인류의 진화에 대해 다시 한 번 생각해 보지 않으면 안 된다. 인간은 몸, 에테르체, 아스트랄체, 자아로 성립된다. 이 진화는 어떻게 이루어졌을까? 그 진화는 다른 세 부분에 대해 자아가 철저하게 작용하면서 거기에 힘을 주고 정화함으로써 이루어지는 것이다. 자아는 아스트랄체를 정화하고, 순화하고, 고차의 단계로 끌어올리는 사명을 가진다. 자아의 힘으로 정화되고, 힘을 얻은 아스트랄체를 영적 자아, 또는 마나스라 한다. 자아에 의해 근본적으로 변화한 에테르체를 생명령 또는 붓디라고 한다. 자아의 힘에 의해 완전히 극복된 육체를 영인 또는 아트만이라고 한다. 이렇게 하여 인간은 목표에 도달하는 것이다.

그렇지만 이 목표달성은 먼 미래에 실현될 것이다. 육체, 에테르체, 아스트랄체, 자아로 이루어진 인간이 자아에 의해 다른 세 부분을 변화시키고, 영아, 생명령, 영인을 이루기 위해서는 새삼 자아가 완전히 의식적으로 작용되어야 한다. 이것은 현대인 대부분에게 아직은 불가능한 일이다. 현대인은 근본적으로 자아의 의식적인 부분에서 겨우 마나스를 아스트랄체 속에 침투시키기 시작했다. 지금까지 인간은 무의식 속에서 고차적인 존재들의 도움을 받으며 자신의 세 가지 저차원 부분을 바꾸어 왔다.

이미 태고의 시대에 인간은 자신의 아스트랄체를 무의식적으로 변화시키고 거기에 감각혼을 스며들게 했다. 무의식적으로 자아가 에테르체에 작용하여 오성혼을 만들어 냈다. 그리고 무의식적으로 자아가 육체에 작용하여 의식혼을 만들어 냈다. 이 모든

관련성은 나의 '신지학' 가운데 기술되어 있다. 의식혼은 아틀란
티스기의 마지막 언저리에서 생겨났다. 아직은 육체 바깥에 있었
던 머리 부분의 에테르체가 완전히 육체 속으로 들어 온 시점에서
그것이 일어난 것이다. 그때부터 인간은 '나'라고 말할 수 있게 되
었다. 이렇게 인간은 서서히 후아틀란티스기로 이행하게 되는 것
이다.

우리 시대는 지금까지 무의식이 수용한 것들 가운데서 마나스
(영적 자아)를 의식하고 점차로 침투시킬 사명을 가지고 있다. 인
간은 오늘날 육체, 에테르체, 아스트랄체, 감각혼, 오성혼, 의식
혼의 모든 힘으로 마나스를 육성하지 않으면 안 되며, 나아가 아
직은 충분하지 않지만 붓디(생명령)에 대한 소질도 육성해야 한
다. 이렇게 후아틀란티스기의 우리들은 의식적으로 스스로의 존
재를 고차적으로 발달시켜야 하는 중요한 사명을 가지게 된 것
이다. 마나스, 붓디, 아트만, 설령 그 궁극적인 목표는 먼 미래에
달성된다고 하더라도 조금씩이나마 지금 그것을 키워나가야 한
다. 오늘날 우리는 저차원에서 고차적인 인간으로 진화하는 힘
을 손에 넣어야 한다.

그렇다면 아직 이러한 고차적인 부분을 육성하지 못한 인간의
내부에는 도대체 무엇이 존재할까? 미래에는 과연 무엇이 존재하
게 될까? 미래인은 현대인과 어떻게 다를까?

완전한 인간의 존재방식

언젠가 완전한 인간이 나타난다면 그는 완벽하게 정화된 아스트

랄체를 가지고 동시에 마나스를 이루었을 것이다. 순수화된 에테르체의 소유자이면서 붓디를 이루었을 것이다. 육체 또한 완전히 변화하여 육체인 동시에 영인 또는 아트만을 이루었을 것이다. 가장 낮은 곳에 있는 육체를 극복하기 위해 강력한 힘이 작용할 것이다. 육체의 극복과 변화가 인간에게 가장 큰 승리를 의미한다. 인간이 이것을 완전히 수행했을 때, 인간의 육체는 영인, 아트만이 될 것이다. 오늘날, 이러한 고차적 인간존재는 소질로서 살아 있을 따름이다. 그러나 언젠가는 인간 속에 완전히 살아 숨 쉬게 될 것이다. 그리스도 존재와 그리스도 충동에 주목하고 그리스도 충동을 통해 충분히 힘을 얻는 것이 인간의 변용을 이루는 요체라 하겠다.

아직 이러한 변용을 이루지 못한 인간에게는 무엇이 일어날까? 영학은 여기에 대해 아주 간략하게 말한다. 아스트랄체가 아직 정화되지 않고 아직 영적 자아로 변용하지 않았으므로 이기주의 또는 자기중심주의가 일어난다. 에테르체가 아직 자아의 힘에 물들지 않았기에 허언과 오류가 생겨난다. 그리고 육체가 아직 자아의 힘에 물들지 않았기에 질병과 죽음이 따른다

언젠가 영적 자아가 완전히 발달하면 이미 자기중심적이 될 수가 없다. 영인이 완전히 발달하면 다시 말해 육체가 완전해지면 질병과 죽음은 존재하지 않을 것이고 평안과 건강만이 가득할 것이다. 인간이 그리스도 충동을 수용한다 함은 무엇을 말하는 것일까? 그것은 그리스도 안에 작용하는 힘을 이해하고 그 힘을 통하여 자신의 육체를 지배할 수 있게 됨을 뜻한다.

인간이 완전히 그리스도 충동을 수용했다고 생각해 보자. 그리스도 자신이 인간을 직접 마주하고, 그리스도 충동이 직접적으로 그 사람에게 이행한다고 생각해 보자. 과연 무슨 일이 일어날까?

만일 그가 눈 먼 사람이라면 이런 그리스도 충동으로 인하여 눈을 뜰 것이다. 왜냐하면 진화의 최종목표는 질병과 죽음의 극복이기 때문이다. 요한복음서의 작자가 눈 먼 사람의 치유를 말할 때, 이런 심오한 비의를 다루고 있는 것이다. 그리스도의 힘이 완벽하게 나타나면 육체를 건강하게 만들어 준다는 것을 예를 들어 나타내는 것이다. 그렇다면 그 힘은 어디에 있을까? 그리스도의 몸, 대지 속에 있다. 대지는 진정으로 그리스도의 영 로고스의 본질이 스며들어 있기 때문이다.

요한복음서의 작자가 과연 내가 말한 이런 관념을 가지고 기록하고 있는지 살펴보자. 눈먼 사람이 있다. 그리스도가 흙을 집어 들고 거기에 침을 뱉어 그것을 그 사람에게 바른다. 자신의 영이 침투한 흙을 눈먼 사람에게 바른다. 이 기술(9장 6)에 의해 요한복음서 작자는 자신이 잘 아는 비의를 기술한 것이다.

우리는 모든 선입견을 버리고 예수 그리스도의 위대한 징표 가운데 하나를 받아들이고 이러한 일들의 본질을 정확히 이해하여 이른바 지적인 사람들이 그것을 아무리 얼토당토않은 일이라고 매도하더라도 거기에 현혹되어서는 안 된다. 우리는 여기서 오늘날의 인간들에게는 아직 낯선 심오한 비밀을 접하게 된다. 오늘날 사람들은 설령 그가 아무리 진화한 사람이라 하더라도 위대한 비의를 행할 만큼 강력하지 않다. 비의에 대해 알고 그것을 영적으로 체험할 수는 있지만, 물질 속에 깊이 매몰된 우리 인간은 비의를 물질계에서 체험할 수 있을 만큼 진화된 상태가 아니다.

삶과 죽음

모든 생명은 본래 양극으로 이루어졌다. 삶과 죽음이 바로 그 양극이다. 이를테면 신비주의는 주검과 살아 있는 인간을 비교할 때, 아주 독특한 감정을 가진다. 살아 있는 사람을 눈앞에 두었을 때, 그 사람 속에 혼과 영이 산다는 것을 알지만 그 혼과 영은 영계를 의식하지 않는다. 영계를 보지 않는 것이다. 주검을 눈앞에 두었을 때, 그 주검에 속한 영과 혼은 지금 영계로 이행하는 도상에 있고 의식이 영계의 빛으로 빛나는 것을 느낀다. 그러므로 주검은 영계에서 일어나는 것의 상징이라 할 수 있다.

물질계에도 영계에서 일어난 일의 모상이 있는데, 그 모상은 이상한 방식으로 나타난다. 어떤 사람이 다시금 이 세상에 태어나기 위해 하강할 때 물질소재를 모아 자신의 몸을 만들지 않으면 안 되는데, 그 과정은 견자에게 마치 의식이 영계에서 죽어가는 과정처럼 보인다. 영계에서 죽어 현세에 살아가는 것이다.

물질소재가 인체를 형성할 때 영적 의식은 어떤 방식으로 죽어간다. 그리고 육체의 모든 부분이 죽음에 즈음하여 분리되고 해소될 때, 육체가 부패하고 소각됨과 동시에 영적으로는 그 정반대의 일이 일어나고 영적 의식이 나타난다. 물질의 해소는 영의 탄생이다.

그러므로 모든 붕괴과정, 모든 해소과정은 신비주의자에게는 그것과는 완전히 다른 과정이기도 하다. 육체가 흙으로 돌아가는 교회의 묘지는 영적으로 보면 영적 탄생을 고하는 듯이 끊임없이 빛을 발한다. 이것은 누구에게도 권할 수 없는 일이고, 현재의 신체로서는 도무지 견딜 수 없는 일이지만, 만일 어떤 사람이 일정한 수행으로 육체를 단련하고 일정기간 부패한 주검의 공기를 의식적으로 호흡함으로써 지금 말한 영적 과정을 체험할 수 있다면 그 사람은 현세가 아니라 다음 생에서 사람을 건강하게 할 수 있는 힘을 가지고 태어날 것이다. 사자의 공기를 들이쉬는 것은 난행이지만, 그 수행으로 그리스도가 침을 흙에 섞어 눈먼 자의 눈에 바르는 그런 힘을 서서히 회득하게 될 것이다.

죽음을 먹고 죽음을 호흡하고 그것으로 건강하게 하는 힘을 얻는 비의는 요한복음서 작자가 눈먼 사람을 치료하는 행위로 나타내고자 하는 비밀이기도 하다. 우리는 이러한 일들이 실제로 있을 수 있는 것이냐를 따지기 전에 눈먼 자의 치유가 말 그대로 존재한다는 사실을 알고, 요한복음서의 작자와 같은 비의 입문자의 말을 이해하려고 노력하지 않으면 안 된다.

카르마의 법칙

그리스도가 대지의 영이며, 대지가 그리스도의 몸이라는 것은 우리가 서로 깊이 하나로 연결되어 있음을 말한다. 우리는 그리스도가 대지를 영화한다는 것을 알았다. 그리스도는 그것을 실행하기 위해 스스로 존재의 일부분을 받쳤다.

좀 다른 예를 하나 들어보자. 그리스도는 이렇게 말한다.

"내 존재의 가장 깊은 비밀은 '나는 나다'라는 것이다. 그리고 '나는 나다'의 진정하고 영원한 힘, 아스트랄체, 에테르체, 육체에 침투하는 그 힘이 인간 속에 스며들게 해야 한다. 그 힘은 대지의 영 속에 존재한다"

그리스도는 모든 사람이 자아를 가지게 하려고 모든 사람 속의 신을 자각케 했다. 모든 사람 속에 주인과 왕을 불러일으키려 했다. 이것을 다시 한 번 진지하게 생각해 보아야 할 것이다. 그러면 그 때 그리스도가 카르마의 이념, 카르마의 법칙을 나타내려 했음을 알게 된다. 카르마의 이념을 완벽하게 이해하는 사람은 그것을 그리스도의 의미에서 이해할 것이다. 이 이념은 어떤 사람도 타인의 내면을 재단하거나 심판해서는 안 된다는 것을 가르친다. 카르마의 이념을 이런 의미로 이해하지 않는 사람은 그것을 깊이 알지 못했다 할 것이다. 사람이 타인을 심판하는 한, 사람은 타인을 억지로 자신의 자아 아래 두려 하는 셈이다. 진정으로 그리스도의 의미에서 '나는 나다'를 믿는 사람은 결코 남을 재단하지 않는다. '카르마는 위대한 청산인이다. 네가 행한 일을 나는 재단하지 않는다'

그리스도의 말을 진정으로 이해한 사람 앞에 죄인을 데리고 갔다고 하자. 그 사람은 죄인에 대해 어떤 태도를 취할까? 그리스도인이고자 하는 모든 사람이 그 무거운 죄를 고발하려 한다 해도 진정한 그리스도인은 이렇게 말할 것이다. "이 사람이 그런 일을 저질렀느냐 아니냐에 대해 당신이 무슨 말을 하든, '나는 나다'는 존중되어야 한다. 모든 것은 그리스도의 영 그 자체의 법칙이

라 할 위대한 카르마의 법칙에 맡겨야 한다. 그리스도 자신의 손
에 맡겨야 하는 것이다"

　카르마는 지구기의 진화과정에서 수행된다. 카르마가 어떤 죄
를 인간에게 지우는가는 진화 그 자체에 맡겨야 한다. 우리는 아
마도 대지에 몸을 구부리고 고발자들에게 말할 것이다. '자기 일
에 마음을 쓰면 그만이다. 벌을 주는 것은 대지의 역할이다. 그러
므로 우리도 카르마가 기록된 대지에 그것을 적어 넣으면 된다'

　　"예수가 올리브산에 가셨다. 이른 아침에 다시 성전에 들
　　어서니 사람들이 모여들자 자리를 잡고 가르침을 펼쳤다.
　　거기에 율법학자들과 바리새인들이 간음한 여자를 끌고
　　와서 가운데 세우고 예수에게 말했다. '선생, 이 여자는 간
　　음하다가 잡혔소이다. 모세는 율법에서 이런 여자를 돌로
　　치라 하였는데, 그대는 어떻게 생각하시오' 예수를 시험하
　　여 고소할 구실을 얻으려고 그리 물은 것이다. 예수는 몸
　　을 굽히고 손가락으로 땅바닥에 뭔가를 쓰기 시작했다. 그
　　러나 그들이 집요하게 물어오니 예수는 몸을 일으키고 말
　　했다. '너희들 가운데 죄 없는 자가 먼저 돌로 쳐라' 그리
　　고 다시 몸을 구부리고 땅바닥에 뭐라고 적었다. 그 말을
　　듣고 나이 많은 사람부터 하나 둘 자리를 떠나버리고 예수
　　와 가운데 섰던 여자만 남았다. 예수는 몸을 일으키고 말
　　했다. '여자여, 그 사람들은 어디로 갔느냐. 아무도 네 죄를
　　벌하지 않았느냐"(8장 1-10)

그는 모든 '외부의 재판'을 내적 카르마로 바꾸기 위해 이
런 말을 한 것이다. 여자는 말했다. '주여, 없나이다'(8장 11)

그녀는 그녀의 카르마에 맡겨졌다. 중요한 것은 카르마 속
에서 이루어질 벌을 생각하지 말고 보다 좋아지는 것을 생
각해야 한다는 것이다. 예수는 말했다. '나도 그대의 죄를
벌하지 않을 것이다. 가거라. 앞으로는 다시 죄를 범하지
말라'(8장 11)

　이처럼 카르마의 이념은 그리스도의 심오한 이념과, 대지와 그
리스도의 존재의미와 깊이 관련되어 있는 것이다. '그대들이 나
의 본성을 이해했다면 내가 표현하는 본질뿐만 아니라 '나는 나
다'에 의한 청산에 대해서도 이해한 것이다.' 독립성과 내적 일관
성, 이것이야말로 그리스도가 인간에게 던져 준 충동이다. 오늘
날 우리는 진정한 내적 그리스도교를 이해하지 못하고 있다. 그러
나 사람들이 요한복음서와 같은 책을 통해 배울 때, 거기에 기록
된 충동을 하나씩 수용하게 될 것이다. 그리고 언젠가 먼 미래에
그리스도 이상이 실현될 것이다. 이렇게 하여 후아틀란티스 시대
에 우리를 고차적 인간으로 고양하게 할 최초의 충동이 지상에 흘
러들었다.

제8강
그리스도 원리에서 본 인간의 진화
(1908년 5월 27일)

후아틀란티스기의 인간

요한복음서의 심오한 뜻을 이해하려면 여러 측면에서 접근해 보아야 한다. 지금까지 우리는 인간의 진화 가운데서 그리스도 원리를 찾아내기 위해 다양한 내용을 서로 관련시켜 보았다. 그렇다면 왜 그리스도는 진화의 이 시점에서 인간이 되어 나타나 지상을 편력했을까? 이것을 이해하기 위해 앞에서 말한 후아틀란티스기의 인류 진화를 다시 살펴보도록 하겠다.

거듭 말했듯이 우리 조상은 저 먼 과거에 서방의 저편에 있었던 대륙에 살았다. 그 대륙은 지금은 대서양(아틀란티스해) 속에 잠겼다. 앞에서 이 아틀란티스기 조상들의 외형이 어떠했는지를 살펴보았다. 인간의 몸은 조금씩 지금과 같은 체형으로 바뀌어왔다. 아틀란티스기 마지막 시대에 비로소 인간이 몸은 거의 오늘날과 같은 형상을 띠게 되었다. 그러나 설령 외부에서 볼 때는 거의 차이가 없었다 하더라도 아틀란티스기 삼분의 이가 지날 즈음의 인간은 현재의 인간과 본질적으로 달랐다.

오늘날의 인간과 고등동물을 비교하면 인간이 얼마나 진화를 이루었는지 잘 알 수 있다. 무엇으로 인간이 다른 고등동물과 본질적으로 구별되는가는 여러 가지로 설명이 가능할 테지만, 모든 동물은 이 물질계에서는 물질체, 에테르체, 아스트랄체로 구성되어 있고, 이 세 부분이 동물의 본질을 결정한다. 물질계에서 동물의 물질부분만이 단독으로 나타나는 법은 없다. 에테르, 아스트랄 부분 모두를 초감각적 세계에서 구하는 것은 큰 착각이다. 물론 신체 감각은 물질계에서 물질적인 것만을 지각할 수 있지만, 물질계에 물질적인 것만이 존재하기 때문에 그런 것은 아니다. 동물적인 물질계에는 에테르체와 아스트랄체도 존재한다. 견령 능력을 가진 사람은 이러한 에테르체와 아스트랄체를 볼 수 있다. 그러나 동물에서 자아를 찾으려면 물질계를 벗어나 아스트랄계로 나아가야 한다. 거기에서 우리는 동물의 집단혼 또는 집단자아를 찾아 볼 수 있다. 그러나 인간의 자아는 물질계에서도 존재한다. 그것이 동물과 인간의 차이점이다. 물질계에서 인간은 육체, 에테르체, 아스트랄체, 자아로 구성된다. 설령 육체를 제외한 세 가지 고차적 부분이 견령 의식에 의해서만 인식된다고 하더라도.

인간과 동물의 이런 차이점은 견령적인 관점에서 다르게 표현할 수 있다. 견령 능력자는 기다란 말 머리 바깥에 에테르체의 돌출부분을 볼 것이다. 말의 물질체 머리의 위쪽에 에테르체 머리가 튀어나왔고, 그럴 듯한 조직체를 드러낸다. 말은 물질체와 에테르체가 합치되지 않는다. 한편, 현재의 인간은 머리의 에테르체 부

분은 육체부분과 크기도 형태도 거의 같은데, 이런 점에서 코끼리
는 특히 괴이쩍게 보인다. 코끼리의 에테르체는 특별히 크다. 그
러므로 견령적으로 보자면 코끼리는 정말 괴물 같은 동물이다.

　인간 육체의 머리 부분과 에테르체는 거의 일치하고, 그 크기
도 형태도 거의 같지만, 그러나 항상 그랬던 것은 아니다. 아틀란
티스기의 삼분의 이가 지난 다음 그렇게 된 것이다. 그 이전의 아
틀란티스 사람은 에테르체 두부가 위로 튀어 올라와 있었는데,
그 후 점차로 겹치게 되었다. 뇌에는 눈 가까운 곳에 점이 하나 있
다. 이것이 지금 에테르체 두부의 한 점과 합치하며 이 두 가지 점
은 태곳적에 분리되어 있었다. 에테르체의 점은 뇌의 바깥에 있었
다. 이 중요한 두 점이 연결되어 하나로 겹쳐졌을 때 인간은 자신
을 향해 '나'라고 말할 수 있게 되었다. 거기서 우리가 지난 번에
'의식혼'이라 불렸던 것이 나타났다. 인간의 에테르체 두부와 육
체부분의 이런 일체에 의해 인간의 머리는 눈에 띄게 변화하였다.
실제로 그때까지 인간의 머리는 현재의 인간과는 본질적으로 달
랐던 것이다.

　어떻게 인체는 이렇게 진화할 수 있었을까. 그것을 해명하려면
아틀란티스의 외적환경으로 눈길을 돌려보아야 한다.

아틀란티스기의 환경과 민족이동

유럽 서쪽 저편에 있었던 태곳적 아틀란티스에서는 지금과 같은
비와 안개와 공기와 햇빛을 체험할 수 없다. 스칸디나비아 서쪽에
위치한 아트란티스 북부는 그 당시 특별히 짙은 안개에 덮여 있었

다. 지금의 아일랜드 서쪽 사람들은 비오는 날과 맑은 날을 구별
할 수 없을 만큼 늘 짙은 안개에 싸여 살았다. 아틀란티스 대홍수
의 시기에 대기 중의 안개가 갈라지고 대지에 비가 내리기 시작했
다. 그 이전은 아틀란티스 어디를 가도 무지개 같은 자연현상은
일어나지 않았다. 무지개는 비온 뒤의 맑은 하늘이 있는 오늘날과
같은 자연환경 속에서 나타나는 현상이다.

　아틀란티스 대홍수 이전에는 무지개를 찾아 볼 수 없었지만, 점
차로 무지개 현상이 가능한 기상상태로 변했다. 우리는 이러한 사
실을 영학을 통해 배우고, 또는 여러 신화전설에서 말하는 대홍수
를 통해서, 그리고 노아가 대홍수 이후 처음으로 무지개를 보았다
는 사실을 떠올려본다면 종교문헌이 얼마나 진실에 입각한 것이
고 한 구절 한 구절이 진실한가를 알 것이다. 이렇게 신비주의적
사고를 깊이 이해하면 종교문헌 속의 한 마디 한 마디의 의미를
정확히 해석해 낼 수 있다. 물론 그러기 위해서는 반드시 문헌학
상의 연구도 필요하다.

　아틀란티스기가 끝날 즈음, 오늘날의 아일랜드 부근이 인간이
살기에 환경적으로 가장 적합했다. 지금은 물에 잠겼지만 당시에
는 가장 살기 좋았다. 그곳에는 아틀란티스의 민족들 가운데서도
가장 뛰어난 민족이 살았다. 이들은 자유로운 자기의식을 발달시
킬 뛰어난 소질을 갖추고 있었다. 신지학 문헌에서 '원 샘족'이라
불리는 이 민족의 지도자는 위대한 비의 입문자였는데, 그는 이
민족 가운데서도 가장 진보한 사람들을 가려 동방으로 데리고 갔
다. 유럽을 넘어 아시아의 티벳 지방으로 간 것이다. 그 사람들은

비교적 소수이면서 아틀란티스 사람 가운데서도 특별히 영적으로 진보한 사람들이었다.

아틀란티스 말기에 이르면 아틀란티스 서부지방이 점차 물속에 잠기기 시작하고 유럽이 점차로 지금의 모습을 띠기에 이른다. 아시아에서는 드넓은 시베리아 지방이 아직 바닷물에 잠겨 있었지만 아시아 남부는 현재와 다른 모습으로 이미 존재하고 있었다. 그리 진보하지 못한 민족의 일부분이 서쪽에서 동쪽으로 이동해 와서 이 중심적 민족에 더해진다. 어떤 집단은 계속 이동하고 다른 집단은 멀리까지 움직이지 않았다. 유럽 원주민 대부분도 아틀란티스에서 옮겨 왔다.

고인도의 문화

이런 민족이동에 이전부터 거주하던 민족들, 아틀란티스 여러 지역에서 옮겨 온 민족들, 태곳적 레무리아에서 아시아로 옮겨 왔던 민족들이 가담했다. 이렇게 하여 다양한 능력과 다양한 정신성을 가진 민족 집단이 유럽과 아시아 각지로 옮겨 갔던 것이다. 위대한 지도자들에게 인도받은 소수의 사람들은 더 높은 정신성을 얻기 위해서 저편 아시아 지역에 살았다. 이 거주지에서 문화의 조류가 여러 지방으로 다양한 민족 속으로 흘러들어갔다.

최초의 문화조류는 저 위대한 지도자가 보낸 사절단에서 비롯하였다. 그들은 인도 땅에 우리가 '고인도문화'라 부르는 것을 창조했다. 여기서 말하는 '고인도문화'란 베다의 문헌 속에 흔적을 남긴 그 인도문화를 말하는 것이 아니다. 지금까지 전통으로 인도에 남은 그런 문화를 말하는 것이 아니다. 이미 잘 알려진 인도문화의 모든 것이 일어나기 전에 그보다 더 멋들어진 인도문화가 선행했다. 그것은 저 위대한 성선(聖仙)들의 문화였다.

후아틀란티스 인류가 만들어 낸 최초의 문화는 인류 최초의 종교문화였다. 그 이전의 아틀란티스 문화는 언어의 본래적 의미에서 종교문화가 아니다. '종교'는 기본적으로 후아틀란티스기 특유의 창조물이다. 왜 그럴까?

아틀란티스인의 의식

아틀란티스인들은 어떻게 살았을까? 에테르체의 두부가 아직 육체 두부의 외부에 있음으로 해서 태고의 어렴풋한 견령 능력이 아직 존속되고 있었다. 인간은 밤이면 육체를 벗어나 영계로 들어갔다. 낮에는 육체에 잠겨들었기에 물질에 둘러싸여 있었지만, 밤에는 어느 정도까지 영계의 일들을 보고 있었던 것이다.

아틀란티스기 중기 또는 초기의 삼분의 일 시대의 인간이 아침에 눈을 뜨고 아스트랄체가 육체와 에테르체 속에 들어갔을 때, 주위 사물들은 현재보다 뚜렷한 윤곽을 띠지 않았다. 당시 사람들 눈에는 안개에 덮인 도회지의 가로등이 밤에 색채의 무리에 감싸이듯 외계의 윤곽은 뿌옇게 색채의 빛으로 휘감겨 있었다. 후아틀란티스기 때처럼 밝은 낮의 의식과 어두운 밤의 의식이라는 날카로운 구별은 없었다. 밤이면 아스트랄체는 에테르체와 육체에서 빠져나오고, 에테르체의 일부분이 그 아스트랄체와 결합되었는데 그런 한에서 영계가 거기에 비춰났다. 인간은 늘 어슴푸레한

견령 능력으로 영계 속에 살며 주위에서 영적 본성, 영적 사물을
보고 있었다.

신화란 무엇인가

게르만신화를 다룬 글을 읽어 보면 학자들은 녹색 천을 깐 책상에
앉아 하나같이 이렇게 말한다. '예전 사람들은 민족환상에 젖어
이런 이야기를 만들어 냈다. 보탄, 토르와 같은 신들은 자연의 힘
을 의인화한 것이라 할 수 있다'

　대부분의 신화이론은 민족환상에 대해 말한다. 이런 말을 듣노
라면 그 학자들은 괴테의 '파우스트'에 나오는 호문쿨루스처럼
실험기구 안에서 만들어져 단 한 번도 인간을 본 적이 없는 것 같
은 느낌을 준다. 왜냐하면 민족을 진정으로 안다면, 민족환상에
대해 말하지는 않을 것이기 때문이다. 신화란 견령 능력을 가졌
던 고대 사람들이 실제로 본 일들의 기억이라 하겠다. 보탄은 실
재한 것이다. 사람들은 밤에 영계에서 신들로부터 태어나 오늘날
의 사람들이 혈육과 동포들을 만나는 것과 똑 같은 방식으로 보
탄이나 토르를 만났던 것이다. 당시의 소박한 사람들이 어슴푸레
한 견령 능력으로 본 것이 신화, 특히 게르만 신화의 내용으로 변
한 것이다.

유럽에 대한 아틀란티스의 영향

당시 서쪽에서 동쪽으로 후게르만 지방으로 옮겨 온 사람들은 다
소나마 견령 능력을 갖추어서 적어도 어느 순간에는 영계를 볼 수

있었다. 최고의 비의 입문자가 제자들을 데리고 티벳으로 향하여 거기에서 인도로 나아가 후아틀란티스기 최초의 문화거류지를 만들어 냈고, 한편으로 유럽에서도 비의를 통하여 영적 능력의 육성을 꾀한 비의 입문자들이 민족을 지도하였다. 이러한 민족의 비의는 이를테면 드루이드교라 불렸다. 오늘날 사람은 이러한 가르침이나 비의의 내용에 대해서 아무것도 모른다. 오로지 공상으로 생각해 볼 따름이다. 드루이드교 또는 도르트교 비의가 행해졌던 서러시아나 스칸디나비아 지방에서는 많은 사람들이 영계를 알고 있었다. 보탄과 관련하여 발두르와 헤두르 사이에서 일어난 일들을 이야기하는 사람들은 모르는 일을 말한 것이 아니다. 많은 사람이 특별한 의식 상태에서 이러한 일들을 체험했다. 그리고 체험하지 못하는 사람들은 신뢰할 수 있는 사람에게 그 이야기를 들었다.

유럽 모든 곳에 아틀란티스시대의 기억이 생생하게 남아 있었다. 도대체 어떤 추억이 남아 있었을까? 인간과 영계 또는 천계와의 자연스러운 공동생활의 추억이 있었다. 인간은 언제나 영계로 나아갈 수 있었고 그 가운데 살아갈 수 있었다. 다시 말해 영계의 실재를 특별한 종교를 통하여 시사할 필요가 없었다. 도대체 종교란 무엇인가? 종교란 물질계와 영계의 '결합'을 말한다. 당시 사람들은 영계와 특별히 결합할 필요가 없었다. 영계는 하나의 경험세계였다. 목장의 꽃들, 숲의 동물들에 대해 누구에게 듣지 않고도 그냥 보고 알 수 있듯이 아틀란티스 사람은 종교를 통해서가 아니라 자연스런 방식으로 신들이나 영들을 체험하고 믿었다.

인류는 진보를 이루면서 밝은 낮의 의식을 가지게 되었다. 후아
틀란티스기는 밝은 낮의 의식을 얻기 위한 시대였다. 그리고 인류
는 그것을 태고의 견령 의식을 포기함으로써 손에 넣을 수 있었
다. 미래의 인류는 현재의 밝은 의식을 잃지 않고 견령 의식을 다
시금 갖게 될 것이다.

유럽 조상들의 추억은 신화전설 속에서 다양하게 살아 있다. 그
렇지만 후아틀란티스기에 있어서 진보의 본질은 기묘하게 들릴
지는 모르겠지만 태곳적 견령 능력을 상실하는 데 있다. 그리스
로마 시대부터 근세에 이르는 진보란 무엇을 의미할까? 낮의 눈
을 가짐으로서 태고의 견령 능력을 상실함을 뜻하는 것이다. 위대
한 비의 입문자가 소집단을 이끌고 저 먼 아시아까지 간 것은 아
직 태고의 아틀란티스 민족의 단계에 놓인 사람들의 영향에서 벗
어나기 위해서였다. 이 소집단 가운데는 인위적인 방식으로 신비
주의적 수행을 한 사람들만이 고차적인 세계로 입문할 수 있었다.

요가란 무엇인가

후아틀란티스 시대의 시작을 알리는 고인도기의 인간은 예전의
신령계와 공동생활을 통해 신령계에 대한 동경만을 가지고 있었
다. 영계의 문은 닫히고 동경만이 남은 것이다. 전설에 따르면 당
시 사람은 거의 다음과 같은 느낌을 가졌다. '이전에 우리 조상들
은 영계로 들어가 신령들과 함께 생활하고 깊은 영적 현실 속에
감싸여 있었다. 우리도 그렇게 될 수 있으면 좋으련만'

고인도기에서 비의입문의 길은 이러한 동경에 대응하는 것이

었다. 그 길은 잃어버린 것에 대한 동경에서 출발하여 이전의 상
태로 돌아가기 위해 특정한 시간에 겨우 손에 넣은 밝은 낮의 의
식을 벗어던지는 것이었다. 요가 기법은 자연적인 발전과정으로
잃어버렸던 것을 인위적으로 다시 얻으려는 고인도기의 비의입
문 방법이었다.

　에테르체의 머리가 육체의 머리 위에 크게 튀어나와 있던 아틀
란티스인의 두부에는 아스트랄체도 돌출되어 있었다. 머리 부분
의 에테르체는 그 대부분이 아직 아스트랄체와 결합되어 있어서
그 부분의 에테르체에 아스트랄체의 체험이 새겨지면 그것으로
인하여 그 체험이 의식화되었다.

　아틀란티스 말기에 이르면 머리의 에테르 부분은 육체의 머릿
속으로 들어가서 밤이 되면 아스트랄체가 에테르체로부터 완전
히 빠져나오기 때문에 비의에 입문하기 위해서는 에테르체를 인
위적으로 육체로부터 분리시키지 않으면 안 되었다. 다시 말해
일종의 죽음을 사흘 반 동안 지속시켜야 하는 것이다. 에테르체
를 육체로부터 분리하여 아스트랄체의 체험을 육체로부터 분리
된 그 에테르체에 새겨 넣어야 한다. 그렇게 하면 에테르체가 다
시금 육체 속으로 돌아왔을 때 영계에서 체험한 것을 의식할 수
있는 것이다.

　이것이 당시의 비의적인 기법, 요가에 의한 비의입문의 기법이
었다. 이러한 비의입문으로 산출된 문화의 여운을 후세의 인도문
화 속에서 찾아 볼 수 있다. 이 여운이 진리, 현실, 본질은 영계에
만 존재하고 그 영계에 입문하기 위해서는 물질적, 감각적인 세계

로부터 벗어나야한다는 감각을 만들어 낸 것이다. 현재는 광물계, 식물계, 동물계 속에서 살아가지만 인간을 둘러싼 그런 것들은 진실 그 자체가 아니라 외적인 가상에 지나지 않는다. 인간은 태고의 진실을 잃어버리고 지금 가상과 환상과 착각의 세계에 살고 있다, 라는 느낌을 가졌던 것이다.

이렇게 하여 고인도 문화에 있어서 물질계는 환상의 세계가 되었다. 우리는 이것을 회색의 이론으로서가 아니라 당시 사람의 문화감각으로서 받아들이지 않으면 안 된다. 성스러운 존재이고 싶어 하던 태고의 인도인들에게 환상의 세계에는 아무런 가치가 없었다. 그들에게 물질계는 환상에 지나지 않았다. 이 물질계를 벗어나 요가에 의해 다시금 아틀란티스기의 조상들이 살던 세계를 살아갈 수 있을 때 진실된 세계가 열리는 것이다.

고페르시아 문화

후아틀란티스 인류기 진보의 의미는 인간이 점차로 물질계의 가치와 의미를 평가할 수 있게 되었다는 데 있다. 그런 의미에서 고인도문화보다도 더 한 걸음 나아간 제2문화기는 고인도기와 같은 선사시대에 속하는데, 후세가 되어 이 문화지역에 살았던 민족들의 이름을 따라 '고페르시아 문화기'라 부르는 것이다. 그러므로 후페르시아 문화가 아니라 페르시아 지역에 있었던 선사문화를 말한다. 이미 에테르체를 육체에서 분리하기 어렵게 되었지만 불가능한 일은 아니었다. 그리고 예수 그리스도의 시대까지는 일정한 방식으로 그렇게 할 수 있었다.

고페르시아 문화기 사람은 그 생활기분과 감정내용에서 고인도기와는 본질적으로 구별된다. 고인도문화기 사람과는 달리 착각, 환상의 세계를 가치 있는 뭔가로 평가하게 되었다. 인도인은 환상에서 벗어나는 것을 기쁘게 생각했지만 페르시아인은 이 환상세계 속에서 의도적으로 살아가려 했다. 페르시아인에게 환상은 여전히 적대적인 무엇이긴 하였으나 극복해야 할 뭔가로 받아들였다. 이 싸움의 장에서 인간은 물질을 지배하는 나쁜 신들과 싸우는 좋은 신들의 편에 서게 된다. 여기에서 당시의 생활기분이 생겨났다. 이 세상의 현실은 아직 사랑해야 할 그 무엇도 아니었지만 고인도인의 경우처럼 거기에서 도망쳐야 할 대상도 아니었다. 이 세상을 과제에 응하여 활동하는 장소로 보기 시작한 것이다. 사람들은 물질계를 정복하기 위한 한 걸음을 떼기 시작했던 것이다.

제3문화기

이어서 제3문화 단계에 이르러 점차 역사시대에 다가선다. 이 단계를 신지학은 '칼데아 – 아시리아 – 이집트문화기'라 부른다. 이 문화지역은 모두 위대한 지도자들의 지도 아래 흘러들어온 사람들의 거주지로 시작되었다. 최초의 거주지는 고인도 문화를, 제2의 거주지는 고페르시아 문화를 창조했다. 그리고 제3문화의 조류는 더욱 서쪽으로 향하여 바빌로니아 – 칼데아 – 아시리아 – 이집트 문화의 토대를 만들었다. 이렇게 하여 물질계를 정복하면서 인간은 더 중요한 한 걸음을 내디뎠다. 페르시아인에게 물질계란 조잡하고 가공되지 않은 대상이었는데, 거기에 작용을 가하려면 영계의 선한 영들과 함께 작업하지 않으면 안 되었다. 그러나 지금 이 물질계가 점점 더 인간에게 친숙해졌다.

후아틀란티스기의 가장 큰 업적의 하나로 보아야 할 칼데아 천문학을 생각해 보자. 별들의 운행에 대한 법칙들이 얼마나 깊이 탐구되었는지 살펴보라. 고인도인은 하늘을 올려다보고 '별들이 어떻게 움직이는지 거기에 어떤 법칙이 작용하는지 그런 건 생각해 볼 가치도 없다'라고 생각했다.

제3문화기 사람에게는 그런 법칙을 연구하는 일이 몹시 중요했다. 이집트 문화기에 속하는 사람들에게 토지의 공간관계를 파악하기 위한 기하학은 아주 중요한 일이다. 환상세계를 조사하기 위해서 외적인 과학이 발생한 것이다. 사람들은 신들의 사고방식을 알려고 했다. 그 사고가 새겨진 물질계라는 '신들의 문서'와 자신의 지적 작업과의 사이에 관련성을 찾아내지 않으면 안 된다고 생각했다. 이집트 – 칼데아 국가체제는 현대의 국가체제와는 달랐다. 당시의 국가 지도자들은 천체운행의 법칙을 알고 우주만물의 대응에 대한 이해를 가졌다. 별들의 운행을 연구하고 하늘에서 일어나는 일과 땅에서 일어나는 일 사이에 조화가 존재한다고 생각했다. 천상의 사건에 따라 지상에서 뭔가가 일어난다는 것을 이해하고 있었다. 제4문화기에 속하는 '로마시대' 초기 사람들조차도 지상의 사건이 천체의 운동에 대응한다는 것을 알고 있었다.

고대비의는 다가올 시대에 어떤 일이 일어날 것인가를 미리 예지할 수 있었다. 이를테면 비의의 예지에 입문한 사람들은 로마사의 출발점에서 앞으로 알바롱가 지방에서 중요한 사건들이 일어날 것임을 알았다. 그것은 사제의 예지가 고대로마문화를 규정했다는 것을 상징적으로 나타낸다. '알바 롱가'(Alba Longa)란 기다란 제사 복장을 가리키는 말이다. 그러므로 이 고대의 한 지역 속에 미래의 역사를 규정하는 사건들이 사제에 의해 미리 기획되어 있었던 것이다. 당시에 일곱 시대가 이어질 것이라는 풍문이 떠돌았다. 사람들은 미래를 일곱 시기로 나눠 역사의 조감도를 미리 만들어 두었던 것이다.

로마 시대가 시작되는 시점에서 일곱 명의 로마 왕들이 '시빌리나의 신탁' Oracula Sibyllina 속에 기록되어 있었다. 이 왕들 속에 예언적으로 역사의 경과가 은밀히 짜여 있었다. 당시 사람들은 거기에 적힌 대로 살아가지 않으면 안 된다고 자각했다. 중요한 사건에 접하면 성스러운 책을 펼쳐보았다. 시빌리나의 신탁은 성스러운 책으로 소중히 여겨졌고 비밀리에 간직되었다.

이렇게 제3문화기 사람은 물질 가운데 영을 끌어들여 외계에 영을 침투시켜 두었다. 제3문화의 조류로서 바빌로니아 · 칼데아 아시리아 · 이집트 문화기의 생성과정 속에 이러한 역사적 증거가 수도 없이 숨겨져 있다.

제3문화기와 현대의 관계

그 당시와 우리가 살아가는 이 시대의 사이에는 어떤 관계가 있을까? 이것을 알지 못하면 우리 시대를 이해할 수 없다. 오늘날 이기주의와 공리주의가 전성기를 맞이하고 있다. 이것의 본질을 통찰

할 수 있다면 이 두 시대가 어떻게 멋들어지게 연관되는지를 이해
할 수 있다. 이것을 밝히기 위해서 한 가지 중요한 관련성을 들어
볼 생각이다.

　문화가 지금처럼 이기주의적이고 몰이상주의적인 모습을 띤
것은 인류사 초유의 일이다. 이러한 경향은 앞으로 점점 더 강해
질 것이다. 실제로 영성은 지금 완전히 물질문화 속에 매몰되었
다. 근세, 특히 19세기 이후의 위대한 발명과 발견 때문에 인류는
방대한 정신력을 소비하지 않으면 안 되었다. 전화, 전보, 철도 등
에 얼마나 많은 정신력이 투입되었는가. 세계의 통상무역 가운데
얼마나 많은 정신력이 물질화되고 결정화되어 있는가. 함부르크
에서 작성된 종잇조각 수표를 런던에서 똑같은 가치의 금액으로
환산하는 데도 실로 막대한 정신력이 소모된다.

　이렇게 물어보자. 이 정신력은 영적 진화를 위해 사용되는 것일
까? 사정을 잘 아는 사람이라면 이렇게 대답할 것이다. 그대들은
철도를 건설한다. 그러나 그대들은 위의 요구에 따라 물건을 철도
에 실어 옮긴다. 그대들 자신도 그대들의 요구에 따라서만 철도를
이용하지 않는가.

　신지학적 관점에서 돌을 사용하여 곡물을 빻는 것과 전보나 증
기선 등을 사용하여 곡물을 멀리 옮기는 것 사이에 어떤 차이가
있다고 말할 수 있을까? 방대한 에너지가 오로지 물질생활의 수
요를 위해 사용되어 왔다. 거기에서 우리 인간은 무엇을 성취했고
그 의미는 또 무엇일까? 아마도 그것들이 신지학적 진실이나 영
적 진실을 제공해 주지는 않았을 것이다. 인간이 전보나 증기선을

사용하는 것은 면을 얼마나 많이 미국에서 유럽으로 옮길 것인가
와 관련된 일이다. 다시 말해 개인의 욕구에 따른 일들이다. 인간
은 개인의 욕구 저 깊은 바닥까지, 물질화된 인격의 뿌리까지 떨
어져 내린 것이다.

  그렇다고는 하지만 한 번은 이런 이기적인 공리주의가 나타날
수밖에 없었다. 왜냐하면 그것으로 인하여 인류전체의 진화가 이
루어질 수 있기 때문이다.

  그러나 인간이 이만큼이나 자신의 인격에 관심을 가지게 된 것
은 대체 어떤 연유에서였을까? 무엇으로 인간은 자신을 개개의
인격이라고 느끼게 되는 것일까? 태어나서 죽음에 이르는 지상생
활에서 인간이 영계에 대립하여 이렇게나 강렬하게 자기 자신을
느끼게 되기까지 어떤 준비과정이 있었을까?

  제3문화기 사람들은 몸을 미라로 만들어 사후에도 오래 보존하
려고 했다. 몸을 미라로 만들어서 형태를 유지하려 한 행위로 인
하여 지금과 같은 개인의식을 획득하는 데 매우 중요한 준비가 이
루어졌다. 현대에 다시 태어난 사람들의 개인감정은 개인의 존재
를 확보하려 했던 이집트문화의 결과였다. 오늘날의 강렬한 개인
의식은 이집트 시대의 미라화된 신체의 결과인 것이다.

그리스 로마기
이처럼 인류진화 과정은 모두 연결되어 있다. 이집트인들이 사자
의 몸을 미라화한 결과 현대(제5문화기) 사람들이 최대한의 개인의
식을 가지게 되었다. 인류의 진화 내부에는 그런 비밀이 존재하는

것이다.

이렇게 하여 인간은 점점 물질이라는 환상 속에 매몰하여 그 물질을 인간의 작용으로 변화시키려 한다. 제4문화기 '그리스 - 로마시대'의 인간은 자신의 내적 본질을 외계 속으로 가져갔다. 그리스인은 자기 자신을 물질형태 속에 객관화시킨다. 자기자신의 형태를 신들의 형태 속에 새겨 넣었다. 어떻게 자신의 개성을 예술 속에 살려 내려 했는가는 아이스퀼로스의 연극 속에서 찾아 볼 수 있다. 당시 사람은 물질계 속에 자신의 모상을 만들어 내려 했다.

로마문화기의 인간은 자기 자신의 모상을 국가의 제도로 바꾸어냈다. 오늘날의 법률의 기원을 로마보다 더 멀리 잡는 것은 비과학적인 착각에 지나지 않는다. 그 이전의 법은 '법'의 개념과는 완전히 다르다. 왜냐하면 외적 인격으로서 인간이라는 법 개념은 로마시대 이전에는 아직 존재하지 않았기 때문이다. 고대 그리스에서 거기에 해당하는 것이 '폴리스'(도시국가)였다. 사람들은 자신을 도시국가의 한 요소로 느꼈다. 지금 사람이 그리스 시대의 의식을 실감하기는 어려울 것이다. 로마 문화기에 이르면 개개의 인격이 로마 시민으로서 법적으로도 인정받게 된다. 그처럼 모든 것은 단계를 따라 전진해 가는 것이다. 그리고 인격이 점점 표면에 나타남과 더불어 물질계가 점점 인간에게 정복되고 인간은 점점 더 물질 속에 깊이 잠겨 들어간다.

우리의 문화기는 그리스 로마기의 바로 뒤를 잇는다. 그러므로 후아틀란티스문화의 제5기에 해당한다. 그 다음 제6, 제7문화기가 이어질 것이다. 제4문화 그리스 로마기는 꼭 중간에 해당한다.

그리고 후아틀란티스 문화의 이 중간기에 예수 그리스도가 지상에 나타났다. 그러나 이 사건은 후아틀란티스기의 제3문화기 때 준비되었다. 이 세상에 일어나는 모든 것은 늘 준비된다.

제4문화기에 지상 최대의 사건으로 나타날 그 일은 제3문화기에 준비되었다. 제4문화기 인간은 스스로를 넘어서 자신을 신들과 비슷한 존재로 만들 만큼 인격을 끌어올렸다. 그리스시대의 인간은 자기자신의 거울상에 따라 신들의 세계를 예술로 표현했다. 국가에 있어서도 같은 일이 반복되었다. 인간은 물질을 이해할 수 있을 만큼 아래로 내려왔다. 물질 환상과 영의 결혼에 이른 것이다. 그것은 인간이 자신의 인격을 이해할 수 있게 된 시점이기도 하다. 이 시대는 신을 인격으로 파악할 수 있는 시대였다. 지구에 속하는 인간정신이 인격이 된 것이다. 후아틀란티스 문화기라는 중간지점이 있었기에 신이 인간이 되고 개별적 인격으로 나타났다. 그리스인이 신상 조각 속에 자기자신의 모상을 만들었다는 것을 고려한다면 당시에 일어난 일을 이미지로 떠올릴 수 있을 것이다. 그리스문화에서 로마문화로 눈길을 돌려 보면, 마치 그리스 신상이 그 대좌에서 내려와 토가를 두르고 걸어다니는 것 같은 인상을 가질 것이다. 로마기 사람들은 아주 엄격하게 격식을 차린 듯이 보인다.

이처럼 인간은 전진한다. 우선 인간은 스스로를 신의 일부분이라고 느낀다. 그리고 자기자신을 인격이라고 느끼는 단계에까지 이르렀다. 신조차도 인격이라 생각했다. 신은 하강하여 사람들 사이에 육체를 가지고 살아가게 되었다. 왜 예수 그리스도가 인류진

화의 바로 그 시대에 나타나 그 비의를 어떻게 발전시키고, 비의
가 어떻게 예언적으로 이전의 진화기 속에 나타나고, 어떻게 예언
적으로 먼 미래의 시대에 작용을 가하는지에 대해 생각해 보기로
하자.

구약의 예언과 그리스도교의 발전
(1908년 5월 29일)

신지학의 관점이 요한복음서를 어떤 방식으로 바라보는지 지금까지의 강의를 통해 이해했을 것으로 믿는다. 이 고문서를 통해 우리는 영계에 대한 진리를 얻으려는 것이 아니다. 마치 우리가 인류사 최초의 수학저술에 의지하지 않고서도 자유롭게 지금 수학을 배울 수 있듯이, 어떤 고문헌에도 의지하지 않고 영계에 입문할 가능성을 가지고 있음을 말하고 싶은 것이다. 이를테면 초등학생이 유클리드의 기하학 저술을 몰라도 기하학을 배울 수 있는 것처럼 말이다. 오히려 기하를 배운 다음에 그런 고문헌을 접하면 그 내용을 잘 이해하고 감탄하게 되는 것이다. 이런 예는 우리가 영적생활에 관한 진실을 영적생활 그 자체로부터 획득할 수 있음을 말해준다. 그러한 진실을 발견한 다음 그것을 다시금 역사문헌 속에서 발견할 때 우리는 그 문헌의 가치를 올바르게 평가할 수 있게 된다.

지금까지 강의에서 말했듯이 그렇다고 해서 요한복음서의 가치가 사라지는 것은 아니다. 신지학적 관점을 가진 사람의 그것이 이 고문헌의 관점을 신봉하는 사람의 그것보다 결코 적다고는 말할 수 없다. 요한복음서에는 그리스도교의 가장 깊고 보편타당한 예지의 가르침이 있다. 이 복음서의 가르침을 깊이 이해했을 때, 왜 그리스도가 인류 진화의 과정 가운데서 그리스로마 문화기에 나타났는지 저절로 이해될 것이다.

인간의식의 진화과정

후아틀란티스기 인류는 비약적으로 진화한다. 아틀란티스 대홍수 이후의 고인도 문화기 사람들의 심정은 영계에 대한 동경과 추억으로 가득 차 있었다. 당시 사람들에게는 아틀란티스 대홍수 이전의 추억이 생생하게 살아 있었다. 아틀란티스기 사람들은 본질적으로 어두운 견령 상태로 영계를 보았다. 지금의 인간이 광물계, 식물계, 동물계, 인간계를 경험을 통해 알 듯이 영계를 경험적으로 알았던 것이다. 대홍수 이전 시대에는 깨어 있을 때의 의식과 잠들었을 때의 의식 사이에 아직 뚜렷한 구별이 없었다. 밤에 잠들었을 때의 내적 체험이 지금처럼 무의식적이거나 어둡지 않았고, 낮 생활의 형상들이 사라지면 영적생활의 형상들이 나타났다. 그래서 인간은 영계의 일들과 함께 살아갔던 것이다.

그리고 그가 아침이 되어 다시금 육체 속에 잠겨들고 신적이며 영적 세계의 체험들이 어둠 속으로 사라지면 광물, 식물, 동물 등의 현실계 형상들이 그 주변에 나타났다. 밤의 무의식 상태와 낮의 각성상태는 대홍수 이후의 후아틀란티스기에 나타났다. 이 시기의 인간은 영계에서 분리된 채 대상을 지각하였고, 물질적 현실 속에 드러난 채 살아야 했다. 그러나 영계라는 또 하나의 세계가 있다는 기억만은 가지고 있어, 어떤 예외적인 상태에 직면했을 때 인간의 고향인 그 영계로 다시 올라가고 싶다는 동경이 일어나 그 기억을 되살려냈다. 그러나 특별하게 선택된 비의 입문자들만이 그런 예외적인 상태에 놓일 수 있었다. 그 사람들은 비의의 장소에서 내적 감각을 개발하여 영계를 보았고, 그것을 직접적으로 체험하지 못하는 사람들에게 그런 영계가 존재한다는 것을 증언했다. 요가는 고인도 문화기에서 과거의 견령 상태로 돌아가는 과정이었다. 비의에 입문한 예외적인 인물들은 인류의 지도자가 되고 영계의 증인이 되었다.

이 동경과 추억의 인상 아래서 베다 이전의 고인도문화기 사람들은 외계의 현실을 마야(환영)로 보았던 것이다. 그들은 '진정한 현실은 영계 속에만 있기에 우리는 요가라는 예외적인 상태에 의지해서만 그곳으로 돌아갈 수 있다'라고 생각했다. 영계는 현실이며 육체의 감각으로 보고 느끼는 세계는 환상이라 생각했던 것이다.

물질적 현실의 정복

이것이 후아틀란티스기 최초의 종교 감정이었다. 그리고 요가는 후아틀란티스기의 첫 비의입문 형식이었다.

그러나 후아틀란티스기 본래의 사명은 우리의 감성세계라는 현실을 환상으로 규정하고 거기서 도망치는 것이 아니었다. 후아틀란티스기 인류의 사명은 더욱 더 물질세계를 정복하고 물질현상을 자유롭게 지배하는 것이었다. 그러나 처음으로 물질계에 직면한 인류가 그때까지 영적 현실 속에 나타나지 않았던 직접적인 지각대상을 환영으로 규정했다는 것은 충분히 이해할 수 있는 일이다. 그러나 물질계의 현실을 앞에 두고 언제까지고 그런 기분에 젖어 있을 수는 없다. 후아틀란티스기 인류는 한 걸음 한 걸음 물질과의 연관을 다양한 문화기를 거치며 받아들이지 않으면 안 되었다.

고페르시아기 사람들은 고인도 문화의 원칙에서 벗어나 물질적 현실을 정복하기 위한 최초의 한 걸음을 내디뎠다. 아직은 물질적 현실 속에 애정을 가지고 잠겨드는 태도는 어디서도 찾아 볼 수 없었고, 물질을 연구하려는 태도도 나타나지 않았다. 그러나 고인도문화기보다는 그런 자세에 가까워졌다고 할 수 있다.

고인도 문화기에서는 결코 지금의 문화가 태어날 수 없었을 것이다. 고인도 문화기에서는 모든 예지가 물질계를 벗어나 기억 속에 존재하는 영계로 나아갔다. 물질에 작용을 가하거나 그것을 연구한다는 것에서 가치를 찾지 못했다. 그러므로 본래의 인도적인 성향으로는 지상생활에 유용한 과학을 창조한다는 것은 불가능한 일이었다. 환영에 지나지 않는 세계의 법칙을 아무리 배워 본들 아무 소용이 없다고 생각했던 것이다. 나중에는 인도문화 가운데서도 다른 움직임이 일어났지만 그것은 외래문화의 영향 때문이었다.

고페르시아 문화에서 외적 물질계는 작업장으로 존재했다. 물질계는 아직 적의를 가진 신의 표현으로 나타났다. 그러나 빛의 신의 힘을 빌려 이 물질적 현실을 우리 것으로 삼아 거기에 선한 신들의 힘이 머물게 할 수 있을 것이라는 희망이 생겨났다. 페르시아 문화의 주도자들은 물질계의 현실성을 느끼기 시작하였고 그것을 어둠의 신이 사는 영역으로 생각하였으나 선한 신들의 힘을 그 속에 스며들게 할 수 있다는 희망을 가졌던 것이다.

그리고 인류는 바빌로니아·아시리아·칼데아·이집트 문화기에 이른다. 앞서 살펴보았듯이 그들에게 별이 빛나는 하늘은 이미 환상이 아니었고, 그것을 문자로 읽어낼 수 있었다. 인도인이 환영이라 여겼던 별들의 빛과 그 운행 가운데서 제3문화기 사람들은 신령 존재의 조언이나 의도를 읽어냈다. 점차 사람들은 외적 현실이 환영이 아니라 신적존재의 계시이며 표명이라 여기기에 이르렀다. 이집트 문화에서도 별들의 문자로부터 읽어낸 것을 대지의 구분에 활용하기 시작했다. 어떻게 이집트인은 기하의 법칙을 발견했을까. 그것은 토지를 분할할 때의 사고내용을 그냥 그대로 물질을 지배하는 데 활용할 수 있고, 또한 인간정신이 물질을 이해하고 그것을 바꿀 수 있다고 믿었기 때문이다. 이렇게 하여 인류는 점차 물질계와 인간정신과의 연관을 심화시켜 나갔다.

아틀란티스기의 마지막 즈음에 인간은 '나는 나다'라는 것을 느끼기 시작했다. 영적 형상을 본 사람들은 그 자신이 영계에 속하는 존재이며 스스로가 영적 형상 가운데 속한 하나의 형상이라고 느꼈다. 이렇게 하여 내적인 영을 파악할 수 있게 된 것이다. 지금까지의 강의내용을 요약해 보았다.이제 이것을 인류 자신의 내면의 발달과 관련시켜 설명하고자 한다.

내면의 발달

아틀란티스기 사람들이 일종의 환몽적인 견령의식으로 바깥 세상을 보는 한 그들은 자신의 내면에 주의를 기울일 수 없었다. '나는 나다'를 통해 수용할 수 있는 내면생활은 아직 그 윤곽을 뚜렷이 드러내는 상태에 이르지 못했다. 영계가 사라짐에 따라 사람들은 자신의 영성을 의식하게 되었던 것이다.

　고인도기의 영성에는 독특한 기운이 깃들어 있었다. 영계에 입문하여 지상의 환상으로부터 초월하려면 영계 속에서 자기를 상실하지 않으면 안 된다. 가능한 한 '나는 나다'라는 의식을 벗어던지고 영들 속에서 브라흐만과 동화해야 한다는 것을 느끼고 있었다. 특히 비의입문에서는 인격을 버리는 것이 당연한 일로 여겨졌다. 인격을 벗어던지는 것과 영계와의 동화가 최고의 비의형태를 특징짓는 것이었다.

　제3문화기가 되면 이미 그러한 생각도 사라지고 만다. 그동안 인간의 자기의식이 많이 발달했기 때문이다. 점점 자아의 본성이 의식화되기에 이르면서 사람들은 주위 사물을 사랑하게 되었다. 인간정신이 어두컴컴한 꿈 의식으로는 불가능했던 법칙들을 생각해 내기에 이르렀고 그것을 더욱더 물질과 깊이 관련지을 만큼 인간은 자아를 키워나갔다. 이집트기에는 인격의식의 진화가 일정한 정점에 도달하였다.

　그러나 이러한 인격의식 속에 자신이 태어나기 이전의 영계와

연결될 가능성이 도무지 없는 상태, 외계에 동화할 수밖에 없는
상태보다도 더 근본적인 뭔가가 동시에 나타났다. 이 과정을 알려
면 인류진화의 두 가지 기본적인 심정을 마음속에 떠올릴 수 있어
야 한다.

아틀란티스기, 고인도기의 인간은 개인의 인격을 부정할 수 있
으면 좋겠다는 생각을 했다. 아틀란티스 사람은 그렇게 할 수 있
었다. 매일 밤 인격을 버리고 영계에 살아가는 일을 당연하게 여
겼다. 고인도인도 그럴 수 있었다. 요가에 의해 비인격적인 상태
에 도달할 수 있었기 때문이다. 편재하는 신들 가운데 안식을 취
하려 했고, 보편적인 존재 속에서 편히 쉴 수 있기를 갈망했다. 그
리고 그것이 조상과 공존한다는 의식을 가지게 했다. 그것은 자신
이 씨족의 마지막 일원으로서 조상과 피를 공유한다는 의식으로
남게 되었다. 이런 기분은 그 자신이 신령존재의 비호 속에서 살
아간다는 오랜 심정에서 생겨난 것이었다.

정상적인 진화를 이룩한 사람들은 제3문화기에 이르면 자신을
개인으로 느끼기 시작하는데, 동시에 그 사람들은 자신이 전체 속
에서 신령 속에서 비호 받으며 살고 있고, 조상과 피로 연결되어
있으며, 대대로 이어지는 핏속에서 신이 자신들을 위해 작용한다
고 생각했다.

앞에서 살펴보았듯이 구약을 믿는 민족 가운데 이런 기분은 하
나의 성숙단계에 도달한다. '나와 아버지 아브라함은 하나다'라
는 것은 각 개인이 아버지 아브라함까지 거슬러 올라가는 관련성
속에 감싸인 채 살고 있다고 느끼는 것을 말한다. 이것은 제3문화

기의 모든 민족, 정상적으로 진화한 모든 민족의 기본적인 심정이
기도 했다. 그렇지만 피를 통하여 이어지는 신적 조상보다도 영적
으로 더 깊은 것이 존재함을 예언적으로 말할 수 있었던 것은 구
약의 신봉자들뿐이었다.

우리는 이것이 예언적으로 진술된 위대한 역사적 순간임을 안
다. 그것은 모세가 '나는 나다'가 나를 너희들에게 보냈노라고 말
하라, 라는 말을 들었을 때였다. 그때 비로소 로고스 그리스도가
계시되었다. 그때 처음으로 신이 피의 흐름 속에서만 살아가는 것
이 아니라 순수하게 영적인 존재로서 살아 있다는 것을 고지한 것
이다. 이것이 하나의 예언으로 구약성경 속에 담겨 있다.

예언자 이사야

그때 모세에게 자신의 이름을 처음으로 밝힌 존재는 과연 누구였
을까? 잠시 이 문제에 집중해 보기로 하자. 여기서 해석자들이 도
무지 피상적으로만 언급하는 요한복음서의 한 부분을 들어보겠
다. '나는 나다'라는 이름에 어울리는 존재는 누구였을까? 올바르
고 진지하게 요한복음서의 한 부분을 읽어본다면 그것을 알 수 있
다. 12장 13절 이하를 보자. 예수 그리스도는 예언자 이사야의 말
을 들면서 유대인이 예수 그리스도를 믿으려 하지 않는다고 말한
다.

이사야는 또 이렇게 말했다.'신은 그들의 눈을 멀게 하고 그 마
음을 닫게 하였다. 그리하여 그들은 눈으로 보고 마음으로 깨닫지
못하고 돌아갈 수 없었다' 이사야는 예수의 영광을 보았기에 이

렇게 말하고 그와 함께(또는, 예수에 대해) 말한 것이다.

　이사야는 '그와 함께 말했다'고 한다. 대체 이사야는 누구와 함께 말한 것일까. '이사야서'의 다음 부분이 그것을 암시해 준다.

　　"우지야 왕이 죽은 해에 나는 보았으니, 주께서 높은 하
　　늘의 자리에 앉았는데 그 옷자락이 성전에 가득 펼쳐졌더
　　라"(이사야서 6장 1)

　이사야는 누구를 보았을까? 그가 그리스도를 보았다는 사실을 요한복음서의 이 부분이 명백히 드러내고 있다. 그리스도는 영적으로는 늘 보이는 존재였다. 그러므로 '나는 나다'가 자신의 이름이라고 말한 존재를 모세가 보았을 때, 그 존재는 후일 그리스도로서 지상에 나타난 존재였던 것이다. 여러분은 신지학의 이러한 관점을 이제는 이해할 수 없다고 말하지 않을 것이다.

　본래 고대의 '신령'이란 그리스도를 말하는 것이었다. 여기서 우리는 옛날부터 전해오는 종교문헌 가운데서도 올바르게 읽지 않으면 이해하기 어려운 어떤 내용에 직면하고 있다. 왜냐하면 우리는 '아버지' '아들'과 '성령'이라는 세 말을 심하게 착각하고 있기 때문이다. 본래의 비교적 의미가 즉각적으로 밝혀지는 일은 없으므로 이 세 말은 현교적으로 매우 다양한 의미로 이해되었다. 고대 유대교의 의미에서 '아버지'에 대해 말할 경우, 그 아버지란 모든 세대의 피를 통하여 이어지는 아버지를 말한다. 이사야처럼 영적 계시를 통하여 '주'에 대해 말할 경우는 요한복음서처럼 로

고스를 가리키는 것이다. 요한복음서의 작자가 말하고자 하는 바는 영으로 바라볼 수 있는 그 존재가 우리와 함께 육체를 가지고 살아간다는 것이다.

자아의 객체화

구양성서도 그리스도에 대해 언급했다는 것을 안다면 인류사에서 고대 히브리 민족의 역할에 대해서도 이해할 수 있을 것이다.

고대 히브리 원리는 이집트문화에서 발생했다. 그것은 이집트 원리라는 배경에서 나타났다. 지난 강의에서 말했듯이 후아틀란티스 기의 정상적인 진화과정은 제1문화기 고인도에서 시작되고 제2기 고페르시아, 제3기 바빌로니아·아시리아·칼데아·이집트, 이어서 제4기 그리스 라틴 시대에 이르렀고 그리고 제5기에 속하는 지금이 있다.

제4기가 시작되기 이전에 제3기 가운데서 비밀에 감싸인 하나의 지류처럼 그리스도교의 지반을 준비하는 민족과 그 전통이 나타났다. 지금까지 강의내용을 모두 정리해서 생각해 본다면, 그리스도의 출현이 제4문화기에서 일어나야 했던 이유를 이해할 수 있을 것이다.

제4문화기에서 인간은 스스로의 영성, 스스로의 자아를 객체화하고 세계 속에 정립하는 단계에 이르렀다. 물질에 자신의 정신과 자아를 침투시켜 나간다. 고대 그리스의 조각가, 희곡작가들은 자신의 혼의 특질을 구체화하여 사람들의 혼 앞에 제시했다. 나아가 로마 시대에 이르면 번잡한 법률학이 그 본질을 많이 가리기는 하지만 인간의 존엄을 외적 세계 앞에 '법'으로서 구체화하여 보여 준다.

  법률을 잘 아는 사람이라면 인간을 법의 주체라고 보는 본래의 '법' 정신이 제4문화기에 비로소 가능해졌다고 생각할 것이다. 인간은 그 자신을 본래적으로 시민(공민)이라 느끼는 단계에까지 이르렀다. 그렇게 하여 스스로의 인격을 의식하게 된 것이다. 그리고 고대 그리스의 개인은 스스로를 도시국가 전체의 한 요소라고 느꼈다. 한 개인보다도 아테네 사람이라는 것이 더 중요했다. '나는 아테네 사람이다'라고 말하는 것과 '나는 로마 사람이다'라고 말하는 것은 의미가 완전히 다르다. '나는 로마 사람이다'라고 말할 때는 한 공민으로서 개인적인 존재가치를 가지고 독자적인 의지를 가진다는 것을 뜻한다. '유언'이라는 개념도 이 시대에 나타났다. 사후에도 자신의 의지를 행사하고 싶을 만큼 사람들은 스스로를 인격화하고 개체화했던 것이다.

그리스의 건축공간

이렇게 하여 인간은 점차로 물질에 스스로의 영을 침투시켰다. 시대가 흐르면서 그런 경향은 점점 현저해졌다. 제4문화기 사람들은 자신의 정신을 온전히 물질 속에 구현하려고 했다. 이집트인의 피라미드 문화는 정신과 물질이 서로 싸우는 단계였다. 정신은 아직 물질 속에서 완전히 표현되지 않았다. 한편 그리스 신전은 후아틀란티스 시대에서 최대의 전환점을 표현한다. 이것을 염두에 두고 생각해 본다면 내적 공간법칙성의 가장 순수한 표현인 그리스 건축보다 더 의미 있고 그보다 더 완성된 건축은 거의 상상할 수 없을 것이다.

원주는 완전한 지지체가 되었다. 그리고 원주 위에는 온전하게 지탱되어야 할 중량을 가진 것이 올라가야 했다. 그리스 신전 건축에는 숭고하고 마음을 자유롭게 해방시켜 주는 공간사상이 궁극적으로 사고되고 수행되었다. 후세에 공간을 그렇게 파악하고 느낀 사람은 거의 없다. 물론 공간을 예술적으로 느낄 수 있는 사람은 있었다. 그러나 그는 그것을 회화적으로 느꼈다. 시스티나 예배당의 공간을 한 번 살펴보기 바란다. '최후의 심판'의 대화면이 위치한 벽면에서 공간을 올려다보라. 그 배후의 벽이 어떻게 비스듬히 기울어지고 높이로 향하여 뻗어나가는지를. 시공자가 공간사상을 가지고 있었기에 비스듬히 높이 뻗어나가게 만들었던 것이다. 그는 다른 사람들처럼 추상적으로 사고하지 않았다. 그러므로 이 벽화는 멋들어진 각도를 유지한 채 서 있을 수 있다. 그러나 그것은 이미 그리스 사람 같은 감성은 아니다.

그리스인은 공간 속에 감추어진 비밀스런 기준을 느끼는 예술 감각을 가지고 있었다. 구축적으로 느낀다는 것은 눈으로가 아닌 다른 뭔가로 느낀다는 것을 말한다. 우리는 좌우, 상하, 전후를 안 이하게도 같은 것으로 생각한다. 이렇게 한 번 생각해 보자. 셋, 넷, 다섯 천사가 비상하는 모습을 그린 그림이 있다고 하자. 천사들은 지금도 낙하하려는 듯이 그려져 있을지도 모른다. 그렇지만 진정한 공간의식을 가진 사람이 그린다면 결코 그렇게는 그리지 않을 것이다. 천사들은 결코 낙하할 수 없다. 왜냐하면 천사들은 서로가 서로를 지탱하기 때문이다. 그런 경우, 공간의 역동적인 관계를 회화적으로 표현할 수 있어야 한다.

그리스 사람은 그 관계를 구축적으로 파악했다. 수평선으로서 만 아니라 중압력으로서도 느꼈다. 원주를 단순히 막대기가 아 닌 지지력으로 느꼈다. 이런 방식으로 공간상에서 선에 대해 공감 하는 것은 '살아 있는 정신을 기하학화하여 느끼는 것'이다. 여기 에 대해서 플라톤은 놀라운 표현을 했다. '신은 끊임없이 기하학 화한다'

공간 속에 존재하는 이러한 선에 따라 그리스인은 신전을 세웠 다. 그리스의 신전은 과연 무엇일까? 그것은 신의 거주지가 될 수 밖에 없는 그 무엇이다. 그것은 오늘날의 교회당과는 완전히 다르 다. 오늘날의 교회당은 설교의 장소이다. 그리스 신전 안에는 신 자신이 살고 있었다. 사람들은 신의 곁에 있고 싶을 때 그냥 그 공간에 서면 되는 것이다. 그리스 신전의 형식을 이해하는 사람은 신전 속에 사는 신과 비밀에 가득 찬 관계를 느낄 수 있었다. 그때 신전이나 그 위에 있는 것 속에서 상상의 산물을 보는 것이 아니 라, 신 자신이 주거를 만들어 세우려 했다면 그리했을 그런 것을 본다. 그것은 물질에 정신을 침투시키는 행위 가운데서 최고의 작 품이었다고 할 수 있다.

그리스 신전과 고딕성당을 비교해 보라. 고딕에 반대하는 입장 에서 하는 말이 아니다. 사실 다른 관점에서 본다면 고딕건축은 최고의 단계에 서 있다고 할 수 있다. 그러나 고딕성당의 경우에 는 경건한 신도들 없이는 도무지 느낄 수 없는 것이 그 형태 속에 표현되어 있다. 고딕의 아치에서 느낄 수 있는 것은 경건한 신도가 그 안에서 고딕 아치 형태를 향해 두 손을 모으지 않으면 완전할 수 없는 그런 것이다. 고딕성당은 신의 거주지이면서 신에게 기도를 올리는 신도들의 모임 자리인 것이다.

인류는 그런 방식으로 그 자신의 진화의 정상을 넘어서 더 앞으로 나아간다. 그리스적 건축공간의 내부에서 공간의 선이나 원주, 아키트레이브를 느낄 때의 감각은 후일 쇠퇴하고 만다. 지지체의 작용이 아니라 장식적인 모티프로서 존재할 뿐인 원주는 그리스적인 의미에서 원주가 아니다. 인류의 진화에서는 서로에게 무관한 것은 없다. 그리스 문화기에서는 내적 인간의식과 외적 공간 속의 신적인 것이 최고로 아름답게 서로에게 침투한 것이다. 이 문화기에서 인간정신이 물질적 감각적인 세계와 완전히 합치하게 되는 것이다.

후아틀란티스 제4기의 특징

현대의 학자들이 옛 시대에서 느낀 것들을 애매모호한 채로 내버려두는 것은 어리석은 일이다. 영학의 의미에서 후아틀란티스 제4기는 인간과 주변 환경세계가 완전히 일치하는 시대이다. 인간이 외적 현실과 완전히 조화로웠던 이 시대가 아니었더라면 신적 존재가 한 개인 속에 나타난다는 것을 이해할 수 없었을 것이다. 그 이전이라면 그와는 완전히 다르게 신을 이해했을 것이다. 신적 존재가 인간의 형상으로 나타난다는 것은 도무지 있을 수 없는 일이고, 신이란 상상할 수 없을 만큼 숭고한 존재라고 생각했을 것

이다. 그러므로 신적 존재를 물질형태로 표현하려 하지 않았던 것
이다. 그러므로 '너는 어떤 우상도 만들어서는 안 된다'(출이집트기
20장 4)라고 하는 것이다. 신의 이념을 영적 형상 속에서 이해하
는 민족에게 그리 명령하는 것은 당연한 일이다. 이 민족은 이 말
이 의미하는 관점에 따라 진화를 이루었다. 그리고 그리스도의 이
념 다시 말해 영적 존재가 육체가 되어 나타난다는 이념을 길렀
다. 거기에 이 민족의 사명이 있었다. 이런 의미에서 그리스도 사
건은 후아틀란티스 제4기에 발생하지 않으면 안 되었다.

그러므로 인류의 진화 전체는 그리스도인의 의식에서 전 그리
스도 시대와 후 그리스도 시대로 나뉜다. 신 = 인간이라는 개념은
특정한 시대의 인간만이 이해할 수 있었다. 요한복음서는 완전히
의식적으로 그때의 시대의식에 직접 대응하는 세속적인 언어를
사용하였다. 요한복음서의 작자는 세계사 최대의 사건을 이해할
수 있도록 그리스 사상의 표현형식을 당연한 듯 사용하였다. 그
이후 그리스도교적 감정은 점점 더 그리스 사상으로 스스로를 표
현하게 되었다. 물론 그리스도교는 다시금 물질을 넘어서지 않으
면 안 되었기에 고딕과 같은 문화를 일으켰다. 그리스도교는 물질
속에 빠져 든 인간에게서만 발생할 수 있었다. 아직 현대만큼 물
질을 과대평가하거나 그 가운데 매몰되거나 하지는 않았지만 물
질에 영적 작용을 침투시킬 수 있었던 것이다.

인류의 영적 진화 전체를 돌이켜 보면 그리스도교의 성립은 완
전히 필연적인 사건이라 생각하지 않을 수 없다. 이제 그 후 그리
스도교가 어떤 모습을 띠게 되는가를 살펴보도록 하자.

예수의 진짜 아버지와 어머니

한 글자 한 구절을 있는 그대로 받아들여야 한다고 했는데, 그러기 위해서는 문자 그 자체를 알아야 한다. '요한'이라는 이름은 어디서도 찾아 볼 수 없는데 왜 '주가 사랑한' 제자만이 나오는지, 이 문제는 아무래도 좋은 그런 것이 아니다. 여기에는 깊은 비밀이 감추어져 있다.

　여기서 또 다른 말에 주의를 기울여 보자. 그것은 그리스도교의 진화과정에 직접 관련될 가능성이 많은 말이다.

　요한복음서 가운데 '예수의 어머니'라는 말이 어떻게 사용되는지 무시되는 경향이 있다. 주변의 그리스도교 신자들에게 '예수의 어머니는 누구인가?'라고 물어보면 '당연히 마리아'라고 대답할 것이다. 하물며 요한복음서 가운데서 예수의 어머니가 마리아라는 이름으로 나온다고 착각하는 사람도 있을 것이다. 그러나 이 복음서의 어디에도 예수의 어머니 이름 마리아는 나오지 않는다. 완전히 의식적으로 '예수의 어머니'라고만 적었다. 카나의 결혼식에서 '예수의 어머니가 거기 있었다'(2장 1절)라 되어 있고, 이어서 '그 어머니가 하녀들에게 이르기를'(2장 5절)이라는 말이 나온다. 그의 어머니는 결코 '마리아'라는 이름이 아니다. 그리고 그의 어머니가 십자가 위의 예수를 올려다보는 장면은 이렇게 기술되어 있다.

　'예수의 십자가 곁에는 그 어머니와 이모와 글로바의 아내 마리아와 막달라 마리아가 섰다'(19장 25)

간단명료하게, 십자가 곁에 선 사람은 예수의 어머니와 그 자매
이며 글로바의 아내인 마리아, 그리고 막달라 마리아였다고 기록
한다. 누구든 이건 좀 이상하다고, 두 사람이 모두 마리아일 리 없
다고 생각할 것이다. 오늘날 이런 식으로 이름을 짓는 사람은 없
다.

그리고 당시에도 그런 식으로 이름을 짓지 않았다. 요한복음서
작자는 예수 어머니의 자매를 마리아라 부르고 있으므로 예수의
어머니가 마리아가 아니었음은 분명하다. 그리스어 원전에서도
명확히 아래에 선 사람은 '그의 어머니와 그 어머니의 자매이며
글로바의 아내인 마리아와 막달라 마리아'라 적고 있다.

그러므로 예수의 어머니는 누구인가라는 물음이 나와야 한다.
요한복음서의 의미에서만이 아니라 누가복음서의 의미에서도 그
렇게 물을 수 있다. 왜냐하면 수태고지에서 예지된 말에 주의를
기울이지 않는다는 것은 무신경이라고 하지 않을 수 없기 때문이
다.

> 성령이 네게 내려오고 지극히 높은 이의 힘이 너를 감싸리
> 니. 그러므로 태어날 아이는 거룩한 사람, 하느님의 아들
> 이라 불릴 것이라.(누가복음 1장 35)

누가복음서에서도 예수의 아버지가 성령임을 시사하고 있다.
이것은 말 그대로 받아들여야 한다. 이것을 인정하지 않는 신학
자는 복음서를 제대로 읽을 수 없다. 그러므로 큰 물음을 던져야 한

다. 우리가 지금 다루는 일 모두와 '나는 아버지와 하나이다' '나와 아버지 아브라함은 하나이다' 아브라함이 존재하기 전부터 '나는 나다'가 있었다 라는 말과는 어떤 관련성을 가지는가. 복음서가 '성령' 속에 아버지의 원리를 본다는 부정할 수 없는 사실을 이러한 일 모두와 어떻게 조화시킬 수 있는가? 그리고 요한복음서의 의미에서 어머니의 원리를 어떻게 생각하면 좋은가?

  이상의 물음 이외에 다음 강의를 위한 준비로써 누가 복음서에는 일종의 계보가 기록되어 있다는 것도 주목해 주기 바란다. 이 복음서에서는 예수가 요한에게 세례를 받고 30세가 되어 가르침을 펴기 시작했다는 것, 그리고 그가 마리아와 에리의 아들 요셉 사이에 난 아들이라는 것 등이 기록되어 있다. 그리고 예수의 계보는 이어진다. 이 계보를 더듬어 가면 아담까지 거슬러 올라가는데 거기서 아주 독특한 말이 이어진다. '그리고 하느님에 이른다'(누가복음 3장 38).

  아들에서 아버지로 이어지는 관계와 같은 방식으로 아담에서 신으로 그 관계가 이어진다. 이러한 부분을 진지하게 받아들여야 한다. 이것으로 내일 요한복음서의 중심 문제로 들어가는 데 필요한 물음이 거의 다 나온 셈이다.

그리스도 충동의 작용 (1908년 5월 30일)

'인종의 진화'와 일곱 문화기

후아틀란티스기 전체에 걸친 진화의 법칙에 대해 생각해 보고, 왜 그 진화가 어느 시점에서 그리스도의 선교가 시작되었는가를 이해하려 했다.

지난번에는 요한복음서 및 그리스도교 그 자체의 중요한 문제들을 이해하기 위해서는 그리스도 비교의 의미에서 이 진화의 법칙을 잘 살펴보아야 한다는 것도 지적해 두었다. '성서' '예수의 아버지와 어머니'와 같은 말의 의미를 이해하기 위해서라도 이것은 필요한 일이다.

우리 시대가 속한 후아틀란티스 인류기는 아틀란티스 대홍수 이후 일곱 시기로 나뉜다. 여기서 나는 의도적으로 '인종'이라는 개념을 사용하지 않으려 한다. 왜냐하면 '인종'이라는 개념이 여기서 문제로 삼는 주제에 대응하지 않기 때문이다. 시대 구분을 문제로 삼는 것이지 인종을 구분하려는 것이 아니다. 인종의 상이성은 본래 아틀란티스 진화기의 여운이다.

아틀란티스 대홍수에 선행하는 인류의 진화도 전후 일곱 가지

시기로 나뉜다. 당시의 인류 대부분은 오늘날의 유럽과 아메리카 사이에 걸쳐 있던 아틀란티스 대륙에서 진화를 이루었다. 그 일곱 시기를 '인종의 진화'라는 말로도 설명할 수 있을 것이다. 왜냐하면 고아틀란티스 대륙에서 인류가 거친 일곱 진화단계는 신체적으로나 정신적으로나 아주 다르기 때문이다. 신체적이란 말에는 뇌나 피나 체액 등과 같은 내적 형상도 포함된다. 한편 후아틀란티스 시대에 이르러서도, 그 최초의 고인도기 경우는 말할 것도 없이 그때 사람들이 우리와는 '인종'이 다르다는 식으로 생각해서는 안 된다.

신지학 사상의 일관성을 지키기 위해서 '인종'이라는 오래된 개념을 도입할 필요가 때로 생기기도 하지만, 그것은 오늘날의 인간이 '인종'에서 인류사를 구분하는 동기를 찾는 것보다 훨씬 더 내적인 동기에 따른 것이다. 인종이라는 말을 사용하면 금방 잘못된 길로 들어서고 만다. 우리 문화기 다음에 올 제7기 이후의 문화기가 되면 인종이라는 표현은 이미 아무런 의미도 갖지 않을 것이다. 앞으로의 인류기는 신체적 조건과는 완전히 다른 기초조건에 따라 인간을 구분하게 될 터이므로.

후아틀란티스 시대를 고인도기, 고페르시아기, 바빌로니아 · 아시리아 · 칼데아 · 이집트기, 그리스 – 라틴기, 지금 시대, 나아가 제6, 제7 시대로 구분할 때는 그러한 새로운 관점에서 바라보아야 한다.

우리는 제5 후아틀란티스 문화기를 살고 있다. 그리스도교는 제4문화기에서 인류의 진화에 깊이 작용하였다. 그리고 제5문화기에서도 인류가 거기에 사로잡혀 있는 한 계속 작용할 것이고 앞으로도 작용할 것이다.

그리스도교는 이미 제3문화기에 준비되었다. 이집트문화는 제3문화기에 속한다. 이 문화의 모태로부터 구약의 신앙과 히브리 문화가 나왔고, 거기서 그리스도교가 발생하여 제4문화기의 예수 그리스도에서 힘이 결집되어 그것이 지금의 제5문화기에 작용하고 있는 것이다. 그리고 이어질 제6문화기에도 그 영향을 미칠 것이다. 그러므로 우리는 그 작용이 어떻게 이루어지는지를 정확히 이해해 두어야 한다.

육체를 자아의 도구로 삼는다

인간의 기본적인 부분들은 인류진화 과정에서 다양하게 진화했다. 아틀란티스기 마지막 시대에 대해 생각해 보자. 이미 말했듯이 당시는 에테르체의 두부가 육체 안으로 스며들었고, 그것으로 인하여 인간은 자신에 대해 '나는 나다'라고 말할 최초의 가능성을 얻었다. 아틀란티스 대홍수가 일어났을 때 이미 인간의 육체는 이러한 '나는 나다'의 힘을 얻었고, 인간은 육체를 자아의식이나 자의식의 도구로 사용할 수 있게 되었다.

이것을 엄밀하기 이해하기 위해서는 아틀란티스 문화기의 중엽까지 거슬러 올라가 보아야 한다. 그때는 스스로 '나는 나다'라든지 '나다'라고 말할 수 있는 자의식을 가진 인간은 아직 없었다. 그렇게 되려면 에테르체의 두부가 육체의 두부와 연결되어야 한다. 대홍수에 의한 아틀란티스 대륙의 몰락에 이르기까지 인체는 자의식을 떠맡을 수 있는 뇌를 비롯한 다른 신체적 기초를 길렀던 것이다.

애당초 아틀란티스인의 사명이란 인간에게 자아를 심어주는 것이었다. 이 사명은 '대홍수' 시대를 넘어 우리 시대에까지 영향을 미치고 있다. 그러나 후아틀란티스 문화기에 이르러 다른 것이 발생하지 않으면 안 되었다. 서서히 인간 속에 마나스(영적 자아)가 들어와야 할 단계에 이른 것이다. 후아틀란티스기의 제6, 7 문화기를 경험할 즈음의 우리는 이미 어느 정도까지 마나스를 발달시켜 놓았을 것이다. 그렇지만 이 마나스에 어울리는 도구가 되기 위해 오랜 시간의 준비기간이 필요했다. 그래서 인간은 수천 년에 걸쳐 새삼 본래의 의미에서 '자아의 담당자'가 되어야 했다. 자신의 신체를 자아의 도구로 삼아야 했고 다른 부분도 그렇게 만들어야 했다.

에테르체, 아스트랄체의 육성

후아틀란티스 제1문화기의 인간은 육체에 더하여 에테르체도 자아의 도구로 삼는다. 이 문화의 특질은 자아에 어울리는 에테르체를 가질 능력을 얻는 데 있다. 따라서 다음 그림에서는 최초의 고인도문화기와 나란히 에테르체를 나타내 보았다.

개인과의 관계로 이 문화기의 진화를 더듬어 보려면 내가 '신지학'에서 말했듯이 인간의 구분을 근저에 두지 않으면 안 된다. '신지학'에서는 인간을 육체, 에테르체, 아스트랄체, 자아로 구분할 뿐만 아니라 감각체, 감각혼, 오성혼, 의식혼, 나아가 영적 자아,

육체	아틀란티스	
에테르체	1 후아틀란티스 문화기	
감각체	2 문화기	영적자아
감각혼	3 문화기	
오성혼	4 문화기	
의식혼	5 문화기	1일 2일 3일
영적자아	6 문화기	
생명령	7 문화기	생명령

생명령, 영인으로 나눈다. 이것은 '자아'라는 말로 정리한 네 번째
부분을 더 상세히 나눈 것이다. 인류의 진화 전체를 보기 위해서
는 그렇게 구분해야 했기 때문이다.

고페르시아 문화기에서 육성되어야 할 부분은 아스트랄체 또
는 감각혼이다. 이것은 인간 본래의 활동력을 담당한다. 인도기
에서 페르시아기로 이행하는 과정은 인간이 물질을 가공하는 과

정과 평행한다. 두 손을 열심히 움직여 노동을 하는 것, 이것이 제
2문화기의 특징이다. 고인도 문화에서는 두 손을 사용하지 않고
높은 집중력으로 명상 속에서 고차세계로 고양될 수 있었다. 이
전 상태를 떠올리려면 깊이 자신 속으로 잠겨들어가야 했다. 인도
의 요가의 비의는 일반적으로 에테르체를 특별하게 육성하는 일
이었다.

감각혼, 오성혼, 의식혼

고페르시아 문화기의 본질은 자아를 감각체 속으로 잠겨들게 하
는 것이었는데, 아실아인, 바빌로니아인, 칼데아인, 이집트인의
문화적 본질은 자아를 감각혼으로 상승하는 데 있다. '감각혼'이
란 무엇인가? 그것은 주로 지각하는 인간이 스스로를 바깥으로
향하게 하는 것, 눈을 비롯한 감각기관을 사용하여 외부의 자연
속에서 일어나는 뚜렷한 움직임을 지각하는 것이다. 그러므로 눈
은 공간에 펼쳐지는 물질적인 사상으로 향했고, 별들과 그 운행
으로 향했다. 외적 공간 속에 존재하는 것이 감각혼에 작용을 가
했다. 이집트 · 칼데아 · 아시리아 바빌로니아 시대에서는 내적인
인격문화, 지적 문화라고 할 수도 있을 그런 것은 미미하게 존재
했다. 우리 현대인은 당시 이집트의 예지가 어떻게 존재했는가를
적절하게 떠올릴 수 없을 것이다. 이 예지는 후세처럼 논리적인
형식을 취하지 않은 채 감각적으로 외계에서 작용하는 법칙을 읽
어낸 것이다. 개념으로 법칙을 읽어낸 것이 아니라 직관, 감각으
로 파악한 것이다.

현대의 학자가 그때를 고찰할 때는 지금 말한 것에 주의할 필요가 있다. 내적 지성의 힘으로 사색하지 않았으므로 본래의 개념학, 논리적 과학은 아직 존재하지 않았다. 역사가 우리에게 말해주듯이 논리학의 본래 창시자는 아리스토텔레스이다. 만일 그 이전에 논리학, 개념학이 존재했다면 그것을 책으로 남길 수 있었을 것이다.

자아 그 자체 안에서 사색하는 논리학, 자아 속에서 개념을 연결시키거나 구별하는 태도, 사물로부터 직접 읽어내려 하지 않고 논리적으로 판단하는 것도 제4문화기에 이르러 겨우 나타난 것이다. 그러므로 우리는 제4문화기를 오성혼의 문화라 부른다.

그리고 우리는 자아가 '의식혼' 안으로 들어가는 시대에 들어섰다. 인류는 10세기, 11세기, 12세기에 시작되는 중세 중기부터 그러한 시대로 들어섰다. 이렇게 늦은 시기에 겨우 자아가 의식혼에 연결되었던 것이다. 거의 중세 중기에 자아는 의식혼으로 들어갔다. 이것은 역사적으로 간단히 증명된다. 우리에게 이 문제를 다룰 시간만 있다면 그 과정의 세세한 부분까지 밝게 드러낼 수 있을 것이다. 그때부터 개인의 자유나 개별적인 자아의 작용에 대해 생각하기에 이르렀다. 중세 초기 사람들은 사회적인 지위만으로 평가되었다. 사람들은 아버지나 친족으로부터 지위나 신분을 이어받았다. 자아와 의식적으로 연결되어 있지 않은 비인격적인 요인에 따라 사회적으로 평가받았다.

교역의 범위가 넓어지고 발명과 발견이 이어진 후세에 이르러 비로소 자아의식이 활동하기 시작했다. 그리고 유럽세계의 여기저기서 이러한 의식혼의 사회적 성격이 도시 법률이나 도시구조 등에 나타난다. 이를테면 함부르크의 역사를 읽어보면 이러한 일이 어떻게 역사적으로 발달했는가를 쉽게 알 수 있다. 중세의 '자유도시'는 자아를 의식하게 된 혼이 인류사회에 영향을 끼치는 과정을 잘 나타내 준다. 그리고 현재에 눈길을 돌리면 지금 우리는 의식혼 속에 인격을 육성해 나가는 것을 잘 알 수 있다. 근세의 모든 요구들은 무의식적으로도 의식혼이 바라는 것을 제시하고 있다.

마나스 문화

그러나 더욱 미래로 눈길을 돌려보면 다른 것이 보인다. 인간은 마나스로 나아가는 다음 문화기에 이를 것이다. 거기서 인간은 지금보다 훨씬 더 공동의 예지를 가지게 될 것이다. 그 때는 개인의 가장 고유한 것이 동시에 인류의 가장 공통된 주제라는 느낌을 가지게 될 것이다. 현재의 의미에서 이 개별적인 자산은 아직 높은 차원에서 개별적인 자산이 아니다. 현대인은 서로 싸우고 서로 다른 의견을 가지고, 그렇게 자기만의 의견을 갖지 않고는 독립된 인간이 될 수 없다고 생각한다. 독립된 인간이고 싶다면 자신만의 의견을 가져야 한다. 그러나 미래 인간은 개개인이 개인적이면 일수록 점점 더 평화롭고 조화로운 삶을 살 수 있을 것이다. 사람들이 아직 영적 자아를 통해 말을 하지 않는 한, 의견이 다를 수밖에 없다. 그런 의미에서는 아직 내적으로 가장 깊은 부분에서 진실이라 느끼는 그런 의견이 아닌 것이다.

오늘날의 수학과 기하학은 진실로 마음의 내부에서 서로에게 공유할 수 있는 일이 있음을 말해준다. 수학적 진실에 대해서는 일부러 합의할 필요가 없다. 백만 명이 2×2는 5라고 말한다 해도 2×2는 4라는 것을 내적으로 통찰할 수 있다면 많은 사람이 주장하는 답이 틀렸다는 것이 자명해지기 때문이다. 삼각형의 내각의 합은 180도가 아니라고 주장하는 사람에 대해서도 같은 말이 가능하다.

이것이 마나스 문화의 기본이다. 그것은 진리의 원천이 인간의 강화된 개별적 인격 속에서 점점 더 뚜렷이 감지되는 문화이며, 수학적 진리처럼 고차적 진리를 감지함으로써 사람에게서 사람으로 통하는 문화이다. 수학적 진리에 대해서는 우리의 의견은 모두 같다. 가장 알기 쉬운 진실이기 때문이다. 그러나 다른 진리에 대해서는 서로 다툰다. 그것은 같은 일에 대해 두 가지 올바른 의견이 존재해서가 아니라 모든 것을 인식하여 개인적인 이해관계에 의한 구별을 극복하지 못한 상태이기 때문이다. 만일 단순한 수학에서도 자신의 의견이 문제가 된다고 한다면, 많은 사람들은 2×2가 5라는 다수의 의견에 찬성하고 말 것이다. 진실로 사물이나 사건의 본질을 통찰하려고 한다면, 이해관계에 따라 고차적인 본질을 규정하려는 태도는 결코 가질 수 없다. 본질을 인식할 수 있도록 자신을 성장시켜야 한다. 그렇게 될 수 있다면 어떤 사람의 혼 속에서 찾아낼 수 있는 진리는 다른 사람의 혼 속의 진리와 완전히 일치하며, 그러면 다툼은 일어나지 않을 것이다. 그리고 이것이야말로 진실한 평화와 진정한 우애를 보증하는 유일한 관점이다.

진리가 서로에게 조화롭다는 것은 그 진리가 영적인 태양과 관련되어 있기 때문이다. 하나하나의 식물이 어떻게 자라는지 생각해 보라. 모든 식물은 태양을 향하여 뻗어나간다. 유일한 태양을 향하여. 제6문화기에 이르러 영적 자아가 인간 속에서 살아가게 되면 오로지 하나의 영적 태양이 보일 것이다. 그리고 모든 사람의 마음이 그쪽으로 향하고 거기서 일치하게 될 것이다. 이것은 제6문화기로 향하는 우리가 가질 수 있는 위대한 전망이다. 그리고 제7문화기가 되면 '생명령'이 우리의 진화 속에 들어오게 될 것이다.

그러나 이것은 예감할 수밖에 없는 먼 미래의 일이다. 지금 확실히 말할 수 있는 것은 제6문화기가 아주 중요한 시기라는 것이다. 왜냐하면 공통의 예지에 의해 평화와 우애가 달성되는 시기가 될 수 있기 때문이다. 개개의 선택받은 사람들만이 아니라 정상적인 진화를 이룬 모든 사람들에게도 고차적인 자기가 영적 자아로 나타날 것이다. 느리게 형성되어 온 개별적 자아에 고차적인 통일적 자아가 결합된다. 인간 자아와 영적 자아의 결합은 그리스도 비교에서는 늘 '결혼'이란 말로 표현된다. 나는 그것을 하나의 영적 결혼이라 말하고 싶다. 그러나 이러한 일은 우주진화와 깊이 관련되어 있다. 인간은 스스로 손을 뻗어 영적 자아를 손에 넣을 수 없다. 스스로 이러한 일에 관련되고 싶다면 스스로를 한층 더 높은 진화과정으로 이끌어가지 않으면 안 된다.

다음 시대의 준비

후아틀란티스기의 인간이 고차적 자아와 결합되기 위해서는 인류의 진화에 어떤 '도움'이 있어야 했다. 뭔가를 실현하기 위해서는 합당한 준비가 필요한 법이다. 15세의 청소년이 어떤 상태에 놓이기 위해서는 6, 7세 때부터 그리 되기 위한 배려가 있어야 한다. 어떤 발전에도 그것을 위한 충동이 준비되지 않으면 안 된다.

제6문화기에 일어나야 할 일도 천천히 준비되어야 했다. 그러기 위해서 바깥에서 어떤 압력을 가하지 않으면 안 되었다.

처음에는 완전히 외적인 영계에서 작용이 가해졌다. 그 작용은 아직 지상으로 내려오지 않았다. 이것은 히브리 민족의 위대한 사명으로서 우리에게 암시된다. 이집트의 비의 입문자 모세가 영계의 인도를 받아 "이스라엘 사람들에게 이렇게 말하라. '나는 나다' 라는 존재가 나를 너희에게 보냈다고 말하라" (출이집트기 3장 14) 라는 성서의 말로 특징 지을 수 있는 신탁을 받았을 때, 모세는 형태도 없고 보이지도 않는 신을 시사함으로써 이스라엘 사람들에게 어떤 준비를 시켰다. 아버지 신이 핏속에서 작용하는 한편으로 '나는 나다'라는 것을 이해할 수 있는 사람들에게 작용한 것이다. 그리고 그 결과, '나는 나다'가 지상으로 내려 올 수 있게 되었다. 모세는 그것을 지상에 나타내라는 사명을 신에게서 위탁받은 것이다.

이것은 제3문화기 동안 일어났다. 그리고 지상으로 내려와 인간이 된 신을 인류의 손에 맡기는 사명이 히브리 민족 속에 주어졌다. 이 신은 이전에는 그냥 고지되었을 뿐이지만 나중에는 눈에 보이는 인간의 모습으로 나타났던 것이다.

그리스도 충동

모세가 고지하고, 고지된 메시아가 그리스도가 되어 나타난 시점, 그리스도교사의 제1장이라고 할 수 있는 그 시점에서 통일과 우애의 충동이 인류진화 속에 심어졌다. 마치 대지에 묻힌 씨앗의 힘이 언젠가 과실을 열리게 하듯이. 이렇게 하여 이 충동은 우리 시대에 지금도 작용하고 있다. 인류의 지적, 정신적 힘이 물질 속에 완전히 하강해 버린 지금 시대에도 작용하고 있다. 그렇다면 왜 그리스도교는 더욱 철저한 물질화에 직접 선행하는 시대가 되어 나타난 것일까?

그리스도교 없이 이런 물질화 시대에 들어갔더라면 인류는 다시금 상승충동을 가질 수 없었을 것이다. 인류 속에 그리스도가 심은 충동이 움직이지 않고 인류 전체가 물질계에 매몰되어 버렸다면 신비주의가 말하는 '물질의 무게에 짓눌려' 정상적인 진화의 길에서 벗어나고 말았을 것이다.

물질 속에 짓눌려 그 가장 깊은 곳에 이르기 전에 충동이 다시금 반대의 방향으로 향하게 하는 것이다. 그것이 바로 '그리스도 충동'이다. 그리스도 충동이 그 이전에 작용했더라면 인류는 물질적인 진화를 이룩하지 못했을 것이다. 그리스도가 고인도 문화기에 지상에 수육했더라면 인류는 그리스도의 영적 요구에 침투되었을 테지만, 물질 속에 깊이 매몰되지 않기에 오늘날과 같은 모든 외적 물질문화를 결코 만들어 내지 못했을 것이다.

그리스도교가 없었다면 철도도 증기선도 존재하지 않았을 것
이라는 말이 기묘하게 들릴 테지만, 모든 일들의 관련성을 생각
해 보면 그렇게 말할 수밖에 없다. 고인도 문화기에서는 결코 철
도와 같은 문화수단은 일어날 수 없다. 현대인이 자부심을 가지
는 모든 것과 그리스도교 사이에는 비밀스런 관련성이 있다. 적절
한 때가 오기까지 그리스도가 작용하지 않음으로 해서 외적인 문
화가 가능해졌다. 그리고 적절한 때 그것이 나타남으로써 그리스
도 원리가 결합하여 다시금 물질에서 고양하려는 충동이 가능해
진 것이다.

그렇지만 그리스도교는 올바르게 수용되지 않았다. 그리고 그
리스도교 그 자체는 유물화되고 말았다. 그리스도교는 많은 오해
속에서 유물론적으로 받아들여지고 만 것이다. 우리가 다루어 온
'그리스도 이후'의 현대에 이르는 과정에서 그리스도교는 심하게
왜곡된 유물론적인 형태를 띠고 말았다. 이를테면 고차적인 영적
'만찬'의 이념을 이해하는 대신에 만찬이 실체화되고 물질의 변
용이라 여겨졌다. 그리스도교가 영적인 현상으로 이해되지 않는
예는 수백 가지도 넘는다.

그리스도교의 제3장

지금 우리는 그리스도 이후에 있어서 영적인 그리스도교와 결합
되지 않으면 안 되는 시대에 이르렀다. 그리스도교에서 진정한 영
적 내용을 추출해 내기 위해서는 그리스도교 본래의 모습과 연결
되지 않으면 안 된다. 그리고 그것은 그리스도교를 신지학적으로

심화시키는 데서 가능해진다. 우리는 신지학을 그리스도교에 적용시킴으로써 그리스도교의 제3시대를 준비하는 세계사적 필연에 따른다. 제3의 그리스도교 시대는 제6문화기의 마나스의 움직임을 받아들이기 위해 작용한다.

제1장은 그리스도교를 예고하는 시대에서 예수 그리스도의 출현을 거쳐 조금 나아간 시대까지 이어진다. 제2장은 인간 정신이 물질 속에 깊이 매몰되어 그리스도교조차도 유물론화되는 시대이다. 그리고 제3장에서는 신지학적 심화에 의해 그리스도교를 영적으로 이해하게 된다.

요한복음서와 같은 성전이 우리 시대에 이르기까지 이해되지 않았던 것은 유물론의 발전 전체와 관련되어 있다. 유물론적 문화로는 요한복음서를 완전하게 이해할 수 없다. 신지학운동으로 시작되는 새로운 영적 문화는 이 성전의 진정한 영적 형태를 이해하고 제6문화기로 이끄는 준비를 할 것이다.

그리스도교의 비의, 장미십자회의 비의, 또 다른 어떤 비의에 입문한 사람에게는 한 가지 특별한 풍경이 보일 것이다. 현실 속에서 이중적인 의미가 보이는 것이다. 하나는 외적인 물질계에서 펼쳐지는 일들의 의미이고, 또 하나는 물질계에서 펼쳐지는 일들 가운데서 크고 포괄적인 영적 시사가 보인다는 것이다. 그러므로 여기서 요한복음서의 작자가 어떤 기회에 가진 인상에 대해 말한다면, 그 의미를 보다 잘 이해할 수 있을 것이다.

예수 그리스도의 생애 가운데서 하나의 특별한 사건이 있었다. 지상 물질계에서 일어난 사건이다. 그것을 요한복음서는 비의 입문자의 눈으로 기술했다. 동시에 이 사건은 비의입문의 과정에서 일어난 지각내용이고 체험내용이기도 하다.

앞에서 말했듯이 비의에 입문하는 사람은 셋과 반의 기간, 고대에서는 3일과 반나절 동안 무감각적인 잠의 상태에 빠진다. 매일 그 사람은 영계에 대해 다른 체험을 한다. 첫날에는 영계에서 펼쳐지는 어떤 일을, 둘째 날에는 다른 일을, 셋째 날에는 또 다른 일을 체험한다. 여기서 다루고자 하는 체험의 경우는 인류의 미래이다. 미래의 충동을 알 수 있다면 그것을 현재 속에 심어서 현재를 미래의 방향으로 이끌어 갈 수 있을 것이다.

한 견령자가 있다고 하자. 그 사람은 앞에서 말한 세 가지 가운데 제1장의 영적 의미를 체험했다. 제1장은 "이스라엘 사람들에게 '나는 나다'라고 말하라"라는 목소리가 들렸을 때부터 메시아가 강림할 때까지이다. 제2장은, 그리스도가 물질계에서 행한 것을 체험한다. 그리고 제3장은, 제6문화기에서 영적 자아를 받아들이기 위해 인류가 준비해 가는 과정을 체험한다. 이것을 그 사람은 아스트랄적인 비전으로서 '인류와 영의 결혼'으로 체험한 것이다.

이것은 중요한 체험이다. 그리스도가 인류 역사에 관여함으로써 이 체험이 사람들 눈에 보이게 되었다. 그 이전의 인류는 내적 영의 작용인 우애를, 사람과 사람 사이의 평화를 체험했다. 혈연으로 이루어진 사랑만은 아니었다. 이 사랑은 점차로 영적 사랑으로 진화하고 그리고 그 영적인 사랑은 다시금 아래로 내려왔다. 비의입문의 제3장 마지막 부분은 인류가 영적 자아와 결혼하는 것을 축하하는 것이다. 그 일이 가능한 것은 그럴 만한 '때가 왔기' 때문이고 '그리스도 충동'을 완전히 실현할 때가 숙성되었기 때문이다. 그 때가 오지 않는 한 혈연관계만이 유효하게 작용하여 사랑은 영적인 것이 될 수 없다.

수의 비밀

고대문헌에서 숫자가 다루어질 때는 늘 거기에 관련된 비밀이 시사된다. '사흘째 갈리아의 카나에서 결혼식이 있었다'(요한복음서 2장 1)라는 구절을 보면 모든 비의 입문자는 '사흘째'라는 말이 특별한 의미를 나타낸다는 것을 안다. 요한복음서의 작자는 그것이 어떤 실제적인 체험이었을 뿐만 아니라 동시에 압도적으로 큰 예언을 의미한다는 것을 시사한다. 이 혼례는 비의입문의 사흘째가 의미하는 위대한 인류의 결혼을 표현하는 것이다.

첫날에는 제3문화기에서 제4문화기로 이행할 때 일어나는 사건이 제시된다. 둘째 날에는 제4문화기에서 제5문화기로 이행할 때 일어나는 사건이 시사된다. 셋째 날에는 인류가 제5문화기에서 제6문화기로 이행할 때 일어나는 일이 시사된다. 이것이 비의입문의 사흘째이다. 그리고 그리스도 충동은 사흘째 시점까지 기다리지 않으면 안 된다. 그 전에는 이 충동이 작용할 여지가 없었다.

요한복음서에 '나와 너' '우리 두 사람'의 특별한 관계가 암시되어 있다. 그것은 '여자여, 나와 그대가 무슨 관계가 있는가'라는 합리적인 말로 표현하는 곳에 나타난다. 징표를 보이라는 어머니의 말에 그리스도는 말한다. '나의 때가 아직 오지 않았습니다'(요

한복음서 2장 4절) 그것은 혼례에 참가할 때의 일이고, 사람들을 서
로 대면하게 할 때의 일이다. 그 때는 앞으로 올 것이다. 혈연으로
이루어진 것이 지금도 작용하고 있고 앞으로도 작용할 터이므로,
그 혼례에서 어머니와 아들과 관계를 시사해 두는 것이다.

　이렇게 성서를 읽을 때 실제로 외적 사상 모든 것이 영적인 배
경에서 떠오르며 이해할 수 있는 대상이 된다. 요한복음서의 작자
와 같은 비의 입문자가 인류에게 던져주는 선물을 받아들일 때,
그리스도가 인류진화에 스스로의 충동을 심어둠으로써 이 복음
서의 작자가 인류에게 던져줄 수 있는 선물을 받아들일 때, 우리
는 영적 생활의 깊은 곳을 엿볼 수 있는 것이다.

　공허한 알레고리나 상징으로서가 아니라 비의 입문자가 체험
하는 아스트랄계의 현실로 이러한 일들은 이해되어야 한다. 여기
서 우리가 문제로 삼는 것은 상징해석이 아니라 비의 입문자의 체
험이야기이다. 이것을 확실히 해두지 않으면 외부 사람에게 신지
학은 우의적인 설명밖에 할 수 없을 것이다.

　지금 이해한 것처럼 이 부분에 영학적인 해석을 덧붙일 때, 우
리는 그리스도 충동이 인류 가운데서 세 가지의 '우주날짜'를 통
하여 제3문화기에서 제4문화기로 제4문화기에서 제5문화기로
제5문화기에서 제6문화기로 작용한다는 것을 배우는 것이다. '오
늘날의 인류는 그리스도 충동의 극히 일부분밖에 이해하지 못한
다. 아주 많은 시간이 흐른 뒤에야 그 위대함을 온전히 이해할 수
있게 될 것이다' 요한복음서의 의미에서 인류의 진화를 고찰할 때
우리는 이렇게 말하지 않을 수 없다.

제11강
그리스도교의 비의(1908년 5월 30일)

비의 입문자란 무엇인가

지금부터 우리는 '예수의 아버지와 어머니'를 통하여 요한복음서의 의미에서 그리스도교의 본질에 접근하려고 한다. 그렇다면 어머니 또는 아버지라는 개념이 영적인 현실로서 요한복음서에서 어떤 의미를 가지고 있는지 알아야만 한다. 이 개념은 비유나 상징으로 해석하는 것만으로는 해결할 수 없는 의미를 담고 있다.

그것을 이해하기 위해서는 우선 '고차적 영계입문'이 무엇을 의미하는지를 이해해야 한다. 비의 입문자란 누구를 말하는 것일까?

비의 입문자란 후아틀란티스기에서 그 스스로 외적 물질적 감각세계를 초월한 사람, 눈이나 귀 등의 외적 감각기관이 물질적 감각적 세계를 체험하는 것과 같은 방식으로 영계를 체험할 수 있는 사람을 가리킨다. 그런 사람은 영계의 진리에 대한 증인이기도 하다.

그러나 모든 영계 입문자는 비의입문의 과정에서 또 다른 것도 경험한다. 그것은 물질계를 살아갈 때는 정당하고 필요했던 어떤

감정으로부터 자유롭게 되는 것이다. 감정은 영계에서는 물질계
에서처럼 작용하지 않는다.

여기서 오해하지 말기를 바란다. 물질계를 살아갈 때 필요한
모든 감정을 고차적 세계를 위한 다른 감정으로 바꾸어야 한다
는 것이 아니라, 다른 감정을 지금의 감정에 덧붙여 감정을 영적
성격으로 바꾸는 한편으로 물질계에 필요한 감정을 그만큼 더
강화해야 한다는 것이다. '어떤 의미에서 비의 입문자는 고향을
버리지 않으면 안 된다'라는 말은 이런 의미에서 이해되어야 할
것이다. 물질계에 살아가는 비의 입문자가 고향이나 가족으로부
터 소외되어야 함을 말하는 것은 아니다. 오히려 영계에 어울리
는 감정을 가지면 물질계를 위한 감정도 보다 섬세하고 아름답
게 육성된다. 그렇다면 '고향을 잃은 사람'이란 어떤 사람을 말
하는 것일까? '고향을 잃은 사람'이란 물질계의 특정분야에 대
한 특수한 공감을 영계 속으로 끌어들이지 않는 사람을 말한다.

이를테면 우리는 물질계에서 어떤 민족, 가족, 국가공동체에 속
한다. 비의 입문자라고는 하지만 그런 점에서는 변함이 없다. 그
어느 것도 잃어버릴 필요는 없지만 그러나 이 소속감을 영계에
서 살리려 하는 것은 아주 무거운 짐을 지고 영계에 들어가는 셈
이 된다. 영계에서는 특정한 무언가에 대해 공감을 발휘하지 않고
대상의 가치에 따라 모든 것을 객관적인 방식으로 자신에게 작용
시키는 것이 중요하다. 다시 말해 비의 입문자란 완전히 객관적인
대상과 관계하지 않으면 안 된다.

지상에서 사랑의 존재방식

인류는 지상에서 진화하면서 태고의 어두컴컴한 견령의식과 결합된 고향으로부터 벗어났다. 인류는 영적 영역에서 물질세계로 내려왔다. 원래의 영적영역에는 애국심이나 향토애 따위는 없다. 사람들은 영적영역에서 벗어나 지상에서 제각기 살 곳을 정했다. 각 지역의 인간집단은 그 지역의 특징을 비추어 낸다. 흑인은 내적 이유로 검어진 것이 아니라 자신의 환경에 적응하면서 검어졌다. 백인에게도 같은 말이 가능하다. 피부색깔이라는 뚜렷한 차이나 민족의 개성이라는 사소한 차이도 환경에 따라 생겨난 것이다.

그러나 이것은 지상에서 사랑의 존재방식과도 관련된다. 인간의 사랑은 작은 공동사회에서 점점 더 큰 공동사회로 퍼져나갈 터인데, 그러한 큰 사랑의 공동체는 영적 자아가 사람들의 마음에 심어지지 않으면 일어날 수 없을 것이다. 비의 입문자는 이러한 인류 진화를 위해 모든 제약을 극복하고 갈라진 것들 사이에 다리를 놓고 평화와 조화와 우애의 육성에 힘을 다해야 한다는 과제를 받아들이지 않으면 안 된다.

비의 입문자는 '고향상실'의 상태에서 위대한 형제애의 싹을 그려내야 한다. 고대에서는 이것을 '비의 입문자는 모두 피타고라스처럼 편력시대를 거쳤다'라는 말로 표현하였다. 왜일까? 고향 공동체에서 길러진 감정이 모든 것에 대해 객관적인 자세를 취할 수 있도록 하기 위해서이다.

한 비의 입문자가 자신의 내면에 길러 온 우애를 전 인류에 심는 것이야말로 그리스도교의 사명이다. 그리스도가 '땅의 영'이

며 '땅'이 그리스도의 몸이고 옷이라는 그리스도교의 의미심장한
가르침을 떠올려 보라. 우리는 이것을 말 그대로 받아들여야 한
다. 요한복음서와 같은 성전 속의 한 마디 한 마디는 세밀한 저울
에 올려 고찰되어야 한다.

'땅의 옷'에 대해 지구의 진화과정은 무엇을 가르쳐 주는가? 땅
의 옷, 다시 말해 땅의 고체부분이 우선 구별되었고, 어떤 사람은
이 땅을 다른 사람은 다른 땅을 소유하게 되었다. '땅의 영'인 그리
스도의 옷이 시간의 경과와 함께 사적인 재산이 되고, 개인 인격이
확대되면서 거래의 대상이 되어 버렸다. 땅을 둘러싼 '바람'(공기)
만은 구별되지 않고 모든 사람에 속한다. 그리고 이 바람으로부터,
낙원신화가 말해주듯, 살아 있는 숨결이 인간에게 불어왔다. 이것
으로 육체 속에 자아가 싹 튼 것이다. 그러나 바람 그 자체는 구별
되지 않는다.

그리스도교를 우리에게 가장 깊이 있게 전해주는 인물이 그 요한
복음서 속에서 여기에 대해 어떤 식으로 암시하는지를 살펴보자.

그들은 내 옷을 찢었다. 그러나 상의는 찢지 않았다.(19장
23-24)

이 말은 대기권을 포함한 전체로서의 '땅'이 그리스도의 옷과
상의라는 것을 뜻한다. 그리스도의 옷은 지역으로 나뉘지만 상의
는 다르다. 바람은 나뉘지 않는다. 모두의 공유물이다. 바람은 언
젠가 실현되어야 할 대지를 둘러싼 사랑이며, 그 사랑의 눈에 보

이는 물질적 상징이다. 이것 말고도 그리스도교는 많은 점에서 고대 비의의 원리를 받아들일 때 제대로 인식할 수 있는 것이다.

지각기관과 세계

이해를 돕기 위해 비의입문의 세 가지 주요 형태에 대해 살펴보기로 하겠다. 요가에 의한 비의입문, 그리스도교적 비의입문, 현대인에게 어울리는 그리스도교적 = 장미십자회적 비의입문, 이 세 가지 형태에서 비의입문은 원칙적으로 어떤 과정을 거치게 될까?

인간은 무엇으로 영계를 볼 수 있는가? 먼저 우리는 도대체 무엇으로 물질계를 지각할 수 있는가를 살펴보아야 할 것이다. 감각기관의 발달 때문이다. 인류진화의 과정을 먼 과거로 거슬러 올라가면 태곳적 사람은 아직 보는 데 필요한 눈이나 듣는 데 필요한 귀가 없었다. 괴테가 말하듯 모든 것이 아직 '미분화된 똑같은 기관'이었다. 그 증거로 현재 어떤 종류의 하등동물은 지금도 미분화 상태로 명암만을 식별하는 하나의 점 같은 기관만 소유한다. 이런 미분화된 기관에서 점차 눈이나 귀가 형성되었다. 신체의 원형에 조소적인 작용이 가해진 것이다. 우리의 눈이 형성되었을 때 우리의 눈앞에 화려한 색채세계가 나타났다. 귀가 형성되었을 때 멋들어진 음향세계가 나타났다.

그 누구도 어떤 세계가 현실에 존재하지 않는다고 말할 수 없다. 우리는 그러한 세계를 아직 지각하지 못한다고 말할 수 있을 따름이다. 세계를 본다는 것은 그 세계를 지각하는 기관이 있다는 말이다. 나는 이 세계만을 안다고는 말할 수 있지만, 어떤 사람에

게만 보이는 세계 따위는 인정할 수 없다는 말은 하지 말아야 한
다. 왜냐하면 그렇게 말하는 사람은 다른 사람들도 자신과 똑같
은 것만 지각해야 한다고 요구하는 것과 같기 때문이다. 그 사람
은 권위적인 태도로 자신이 보는 것만을 인정할 수 있다고 말하
는 셈이다.

그러므로 만일 누군가가 다가와서 '그런 건 꿈 이야기 같은 것
이다. 신지학자가 주장하는 것은 존재하지 않는다'라고 말한다면
그 사람은 자신이 그런 세계를 지각하지 못한다는 사실을 고백하
는 셈이다.

우리는 사물을 긍정적으로 바라보는 태도를 취한다. 자신의 지
각대상만을 긍정하는 사람은 자신이 아는 것을 인정하라고 요구
함과 동시에 자신이 모르는 일에 대해서도 무작정 부정하려는 것
이나 다름없다. 오늘날의 아카데미즘이 신지학을 대할 때의 저 무
관용의 편협한 태도는 다른 어떤 곳에서도 찾아 볼 수 없다. 그리
고 그 무관용은 앞으로 더욱더 악화될 것이다. 무관용적인 태도는
실로 다양한 형태를 띠고 나타난다. 사람들은 자신이 말해서는 안
되는 일에 대해 말을 한다는 자각이 없다. 선량한 그리스도인의
모임에서 다음과 같은 말을 자주 듣는다. '신지학자들은 비교적
그리스도교에 대해 말하지만, 그리스도교에는 비교적인 건 필요
없다. 단순하고 소박한 마음으로 느끼고 생각할 수 있는 것이 무
엇보다 소중한 것이다'

그들이 바라는 바는 모든 사람이 똑같이 느끼고 생각할 수 있는
일이다. 물론 그런 사람들 가운데서는 '로마법황은 오류를 범하

지 않는다'라는 원칙 따위도 결코 받아들일 수 없을 것이다. 그러나 많은 그리스도인이 스스로의 인격에 대한 절대적 정당성을 믿고 있다. 모두가 일종의 로마법황이고자 하는 집단이 그야말로 로마교황적인 비오류성의 신념 아래서 신지학을 부정하는 것이다.

물질적 – 감각적 세계가 존재하는 것은 우리의 몸에 지각기관이 새겨져 있기 때문인데, 이것을 잘 생각해 본다면 다음과 같은 말도 전혀 이상하지 않게 들릴 것이다.

"에테르체와 아스트랄체 가운데 고차적 지각기관이 만들어질 때 인간은 고차적 세계를 지각할 수 있다. 현재의 신체에는 물질계를 위한 지각기관이 이미 갖추어져 있다. 그러나 에테르체, 아스트랄체에는 아직 지각기관이 갖추어지지 않았다. 그러므로 먼저 그것을 발달시켜야 한다. 그때 비로소 고차적 세계를 지각할 수 있다"

영적 지각기관의 발달

그렇다면 어떻게 그러한 기관을 에테르체, 아스트랄체 속에 만들어 낼 수 있을까? 이미 말했듯이 비의에 입문한 사람은 그 에테르체와 아스트랄체에 고차적 지각기관이 마련된다. 그렇다면 거기에 어떤 예비적 행위가 있었을까? 우선 아스트랄체를 순수한 상태로 유지해야 한다. 잠에서 깨어나면서 아스트랄체가 육체 속에 잠겨들면 육체의 힘이 아스트랄체에 작용한다. 아스트랄체가 자유롭지 못한 상태에 놓여 있을 때 육체의 힘이 아스트랄체에 작용한다. 잠이 들어 아스타랄체가 육체를 벗어났을 때만 아스트랄체

를 순수하게 유지할 수 있고 고차적 감각기관을 그 아스트랄체에
새겨 넣을 수 있다.

　잠든 사람의 아스트랄체에 외부에서 이런저런 작용을 가할 수
는 없다. 당사자는 자신의 몸에 가해지는 작용을 지각할 수 없다.
무의식 상태에 빠져 자신의 몸에 일어나는 일을 모른다.

　잠들었을 때 아스트랄체는 육체와의 연관성을 의식할 수는 없
지만, 깨어 있을 때 육체가 받아들인 인상을 간접적으로 아스트랄
체 속에 머물게 할 수 있다. 그러므로 주변 물질계를 통해 받아들
인 인상을 아스트랄체에 새겨 넣을 때와 완전히 같은 방식으로,
특정의 영적 이미지를 육체에 인상지우고 다음으로 그것을 아스
트랄체에 새김으로써 영적 지각기관을 육성할 수 있다.

　보통의 방식으로 각성 때를 살아가면서 다양한 인상을 받는 것
과 더불어 일정한 수행법에 따라 자신의 내면생활을 장악할 수 있
을 때 이것은 가능해진다. 그리고 이 수행법을 명상, 집중, 정관이
라 한다. 그것은 실험실에서 현미경으로 미생물을 살피는 것만큼
엄격하게 정해진 절차에 따른 수행법이다. 그러한 법칙에 따라 수
행을 계속하면 잠을 잘 때 육체를 벗어난 아스트랄체가 조소적으
로 변형될 만큼 격렬하게 작용한다. 지금 여기 있는 해면체를 내
가 손으로 잡고 힘을 넣어 모양을 바꾸어도, 손에서 벗어나면 해
면에 내재하는 힘이 다시금 그 형태를 원래대로 돌려놓는다. 아스
트랄체에 대해서도 똑같은 말이 가능하다. 아스트랄체는 잠을 잘
때 몸에서 벗어나면 내부에 존재하는 아스트랄적인 힘에 따라 원
래의 모습으로 돌아간다. 그러므로 각성 때 일정한 영적인 수행을

계속하여 그 결과로 밤에 아스타랄체는 조소적으로 변형되어 고차적인 지각을 가능하게 하는 기관이 만들어지게끔 그 내부에 작용을 가해야 하는 것이다.

그러한 명상은 3중의 방식으로 이루어질 수 있다. 주로 사고소재를 고려하는 방법이 요가의 수행이다. 이것은 주로 사고요소를 정관하는 방법으로 이루어진다.

그리스도교적 비의 입문의 7단계

그러나 감정을 특별히 육성하기 위한 수행도 있다. 특히 그리스도교적 방법이 그렇다. 사고와 의지를 연결시킴으로써 아스트랄체에 작용을 가하는 것이 그리스도교적 - 장미십자회적 방법이다. 지금 요가수행에 대해 논하는 것은 너무 본론에서 벗어나는 일이 될 것이다. 요가수행법은 요한복음서와는 직접적으로 관련되지 않으므로 여기서는 오로지 그리스도교적 비의입문에 맞는 이야기를 하려 한다.

그렇지만 일정기간 사회에서 격리되지 않고서는 이 수행을 완전히 해내기는 어렵다. 그러므로 사회적 의무를 져버리지 않고 고차적인 세계로 입문하기 위한 장미십자회의 방법이 있긴 하지만, 원칙적으로 그리스도교적인 비의입문에 따른다고 하더라도 완전히 이루어 낼 수 있다.

그리스도교적 비의입문의 방법은 오로지 감정에 호소한다. 그것도 일곱 가지 감정체험이 단계적으로 요구된다. 그것으로 인하여 아스트랄체가 수면 중에 스스로 지각기관을 발달시킬 수 있는 것이다. 이 일곱 단계를 통과하기 위해 그리스도교의 제자가 어떻게 살아가야 하는지를 설명해 보겠다.

제1단계는 '세족'이다. 스승은 제자에게 말한다.

"식물을 보라. 식물은 대지에 뿌리를 내린다. 광물로 구성된 대지는 식물보다도 저차적인 존재다. 만일 식물이 스스로의 본질을 밝게 드러낼 수 있다면 대지에 대해 다음과 같이 말해야 할 것이다. ─ 설령 내가 보다 높은 존재였다고 하더라도 네가 존재하지 않으면 난 살아갈 수 없다. 왜냐하면 대지여, 나는 양분의 대부분을 너로부터 얻으므로. 만일 식물이 이런 감정을 가질 수 있다면, 식물은 돌에게 몸을 낮추며 이렇게 말할 것이다. '나보다 낮은 존재인 돌이여. 나는 그대 앞에 몸을 낮추노라. 네 덕분에 나는 살아가느니'"

그리고 식물보다 상위에 있는 동물이 식물을 대할 때도 같은 방식으로 다음과 같이 말해야 할 것이다.

"나는 너보다 높은 차원을 살아간다. 그러나 이렇게 낮은 차원이 있으므로 해서 나는 살아갈 수 있다"

이런 방식에 따른다면, 인간은 사회 계층적으로 낮은 사람에게 몸을 낮추며 이렇게 말해야 한다.

'그대들 덕분에 나는 살아갈 수 있다'

우리는 이런 방식으로 예수 그리스도까지 나아갈 수 있다. 그를 둘러싼 12명의 제자는 그보다 한층 낮은 곳에 있다. 그러나 식물이 돌에서 진화했듯 예수 그리스도는 12명으로부터 진화했다. 그는 12명 앞에 몸을 낮추고 말한다.

'그대들 덕분에 나는 살아간다'

스승은 제자에게 이렇게 말한 다음 또 이렇게 이을 것이다.

"높은 자는 몇 주 동안 낮은 자 앞에 몸을 낮추는 우주감정에 빠져들어야 한다. 이것을 철저하게 수행하면 내적으로나 외적으로나 징후가 나타난다"

그러나 이 징후가 중요한 것은 아니다. 징후는 수행자가 충분히 수행했다는 것을 나타내는 데 지나지 않는다. 육체가 혼의 영향을 충분히 받아들이면 마치 물이 자신의 발등에 쏟아지는 듯한 감정을 가지게 된다. 이것이 외적인 징후로 나타나는 것이다. 이 감정은 참으로 생생하게 체험된다. 수행자는 저차원의 자기 앞에 고차원의 자기가 몸을 숙이는 '세족'이 눈앞에 일어나는 것처럼 압도적인 아스트랄 비전을 가지게 된다. 요한복음서 가운데 역사적 사실로 언급된 것이 아스트랄적으로 체험되는 것이다.

제2단계에서 제자는 다음과 같은 말을 듣는다.

"너는 다른 감정도 발달시켜야 한다. 만일 이 세상의 모든 아픔이나 슬픔이 너에게 밀려온다면 어떨까. 그것을 상상해 보아야 한다. 세상의 모든 고통을 맛본다면 어떻게 될까. 그것을 느끼지 않으면 안 된다. 그리고 설령 이 세상의 모든 불행이 밀려온다 하더라도 곧바로 서 있어야 한다는 감정에 몰두해야 한다"

제자가 이 단계를 충분히 수행하면 다시 두 가지 징후가 나타난다. 하나는 자신이 사방에서 두들겨맞는 듯한 감정이다. 그리고 다른 하나는 '채찍맞기'를 아스트랄 비전으로 체험하는 것이다.

지금 내가 말한 내용은 수백 명이 체험한 내용이다. 그들은 그것을 통해 영계입문의 능력을 얻었다. 세 번째로 제자는 다음과 같이 생각해야 한다.

'내가 마음속에 품은 가장 성스러운 것, 내 자아의 모든 것이며 소중하게 지켜야 할 것이 조롱과 경멸의 대상이 되는 것이다'

거기서 제자는 이렇게 말하지 않을 수 없다.

'무엇이 내게 다가오든 나는 곧바로 선 채 성스러운 것을 지켜야 한다'

이런 생각에 몰두하는 사람은 머리에 무수한 가시 같은 것을 느끼는 아스트랄 비전으로서 '가시관'을 체험한다. 이 경우에도 징후는 목적이 아니라 수행의 결과를 나타내는 것일 따름이다. 이것은 자기암시와는 아무런 관계도 없다.

네 번째로, 수행자는 자신의 몸을 바깥에 있는, 이를테면 한 그루 나무 같은 대상인 듯 느낀다. 자신의 몸이 '나'의 것이라 말할 수 없게 된다. '나는 내 몸을 마치 겉옷인 듯 걸치고 있다'라는 느낌을 가진다. 수행자의 자아를 몸에서 분리하는 것이다. 그렇게 하면 '피의 시련'이라 불리는 것이 나타난다. 다른 많은 경우에는 병적인 상태라 해야 할 일이 여기서는 명상의 결과로서 어떤 증상과도 무관계하게 나타난다. 두 손 두 발과 가슴의 오른쪽에 이른바 피의 징표가 나타난다. 그리고 내적 징후로서 '십자가형'의 아스트랄 비전이 나타난다.

다섯 번째 여섯 번째 일곱 번째 감정 단계는 아주 간단히 언급할 수 있을 따름이다.

다섯 번째는 '신비의 죽음'의 체험이다. 이 단계에서 체험하는 감정에 따라 마치 한 순간 모든 가시적 세계 앞에 검은 장막이 내려오고 시계가 사라져 버리는 듯한 느낌이 일어난다. 이 순간이 매우 중요한 이유는 특히 그리스도교의 비의에 입문하는 사람에게 필요한 체험이 여기서 일어나기 때문이다. 악, 고통, 고난의 뿌리로 내려간다. 혼의 저 깊은 곳에 살아가는 악의 모든 것을 지옥으로 내려감으로써 끝까지 맛보게 된다. 이것이 '지옥순례'이다. 이것을 체험할 수 있으면 그 검은 장막은 찢어진다. 그리고 영계가 눈앞에 나타난다.

여섯 번째는 '매장과 부활'이다. 이것은 수행자가 지옥과 하나된 자신을 느끼는 단계이다. 흙에 묻혀 지구 행성의 일부분이 된 자신을 느낀다. 자신의 생명이 행성의 생명까지 확대된다.

일곱 번째 감정은 말로는 다 표현할 수 없다. 뇌의 활동 없이도 사고할 수 있는 사람만이 그것을 말할 수 있다. 이 감정을 표현하는 데 적합한 말은 없다. 언어는 물질계만을 표현할 수 있다. 그러므로 이 단계에 대해서는 암시만이 가능하다. 그것은 인간이 상상할 수 있는 모든 것을 넘어선다. 그래서 '승천'(昇天) 또는 영계입문이라 말하는 것이다.

아스트랄체의 변화

수행자가 각성상태에서 내적집중을 통해 체험하는 모든 감정의 단계는 여기서 완결된다. 이러한 체험에 몰두하면 어떤 체험도 아스트랄체에 강렬한 영향을 끼치므로 밤에 잠을 자는 가운데 내적 지각기관이 조소적으로 형성된다.

장미십자회의 비의는 일곱 가지로 나뉜 이러한 감정 단계를 통과하지는 않지만, 거기에서도 우리가 지금 말한 것과 같은 작용이 일어난다.

어떤 비의입문에서도 각성 때의 체험이라는 우회로를 통하여 아스트랄체에 작용하고, 그 아스트랄체가 수면 중에 완전히 자유로울 때 스스로에게 새로운 조소적 형상을 부여할 수 있게 되는 것이다.

아스트랄 존재로서 인간이 이런 방식으로 스스로에게 조소적인 형상을 줄 때, 그 아스트랄체는 인간의 새로운 존재부분이 되고, 마나스 즉 영적 자아가 되는 것이다.

아스트랄체가 이렇게 존재에 대해 새로운 부분이 되었을 때 그 조소적인 형상은 에테르체 속에도 침투한다. 도장을 찍으면 도장에 새겨진 문양이 종이에도 그대로 나타나는 것과 같다. 그렇게 아스트랄체는 에테르체 속에 스며들어 자신에게 새겨진 모습을 에테르체에도 새겨 넣는 것이다.

어떤 비의에서도 아스트랄체에 작용할 때의 절차는 동일하다. 다만 에테르체에 그것을 심는 방법은 다양하다. 이 차이에 대해서는 다음에 이야기하도록 하겠다. 내일은 후아틀란티스기의 가장 본질적인 진화충동인 비의입문의 세 가지 방법이 서로 어떻게 다른가를 말하고, 애당초 비의입문이 인류의 진화에 어떤 의미가 있는가를 생각해 볼 것이다. 그때 우리는 아직 다루지 않은 요한복음서의 다른 부분의 의미도 알게 될 것이다.

제12강
처녀 소피아와 성령의 본질(1908년 5월 31일)

정화

명상과 집중으로 아스트랄체에 어떤 변화를 줄 수 있는지를 다루었다. 그러한 수행은 다양한 비의입문의 방법이기도 하다. 이러한 수행을 통해 아스트랄체는 고차적 세계를 직관하는 데 필요한 감각기관을 내면에 기를 수 있게 된다. 수행은 제각금의 문화기에 맞는 존재방식을 띠며, 이건 어디를 가나 마찬가지다. 원칙적 차이는 그것을 넘어서는 곳에서 시작된다. 아스트랄체에 만들어진 감각기관을 에테르체에 새겨 넣을 때부터이다.

명상과 집중으로 아스트랄체에 작용하는 것을 오래된 표현으로 '정화'(카타르시스)라고 한다. 이 정화의 목표는 조화로운 존재방식을 방해하는 모든 것을 아스트랄체에서 제거하는 데 있다. 그렇게 하여 고차적인 기관을 얻으려는 것이다. 아스트랄체는 그 가능성으로서 고차적인 기관을 가지고 있으므로 거기에 잠들어 있는 힘들을 눈뜨게 하면 되는 것이다.

'정화'를 일이키는 방법은 실로 다양하다. 이를테면 내가 쓴 '자유의 철학'에서 언급한 모든 것을 내적으로 받아들이고 그 사고

내용을 스스로 재현할 수 있을 때까지 깊이 체험했다면 정화에 이르렀다 할 것이다. 이 책을 읽는 사람이 피아노 연주의 대가가 연주하는 곡을 대하듯이, 다시 말해 스스로 그 전체를 재현할 수 있다면, 이 책에 엄밀하게 구축되어 있는 사고관련을 통하여 높은 수준의 정화에 이를 수 있다. 그리고 이 책은 실제로 그렇게 쓰여졌다. 모든 사고내용이 실제적인 힘이 될 수 있게끔 구성되어 있다. 책 가운데서 어떤 내용은 조금 앞으로 다른 내용은 좀 뒤로 돌려놓을 수 있지만, 이를테면 '자유의 철학'의 경우는 그것이 불가능하다. 150쪽에 나오는 내용을 50쪽에 놓을 수는 없다. 개의 앞발을 뒷발과 바꾸어 놓을 수 없는 것과 마찬가지다. 유기적으로 구성된 이 책의 사고내용을 철저하게 사색하는 것이 하나의 내적 수행과 같은 효과를 가지는 것이다.

　정화를 이룩하는 데는 이처럼 여러 가지 방법이 있다. 이 책을 철저하게 읽은 사람이 정화를 체험하지 않았다고 한다면 그것은 내가 말한 것이 잘못된 것이 아니라 이 책을 철저하게 읽지 않았기 때문이다.

에테르체에 새겨 넣기

여기서 또 다른 내용을 다루어야 할 때가 왔다. 정화를 통하여 아스트랄체에 영적인 감각기관이 만들어지면 그 기관을 에테르체에 새겨넣어야 한다. 그리스도교 이전의 비의입문에서는 몇 년에 걸쳐 전단계의 수행을 거친 제자는 스승에게 이런 말을 듣게 된다.

‘아스트랄체가 인식기관을 가지게 되었다. 이제는 그 인식기관을 에테르체에 새겨 넣어야 한다’

그런 다음 제자는 어떤 절차를 밟게 된다.

그렇지만 오늘날의 문화기에서는 이 절차는 불필요할 뿐만 아니라 진지하게 수행되어야 할 대상이 아니다. 옛날에는 사흘 반의 무의식 상태에 들어가야 했다. 이 사흘 반 사이에 그는 밤 동안 아스트랄체가 육체와 에테르체를 벗어나는 잠을 체험하고 또 어느 정도까지 에테르체도 육체로부터 이탈되었다. 물론 육체가 무사히 유지되면서 죽음에 이르지 않게끔 배려되었다.

그때의 에테르체는 육체의 작용을 받지 않고 유연하면서 말랑말랑한 상태이므로 아스트랄체의 작용이 다가오면 그 아스트랄체의 영적감각기관을 받아들일 수 있었다. 그리고 스승이 당사자를 다시금 평상시의 상태로 되돌려 아스트랄체와 자아가 다시 육체와 에테르체와 연결되면 정화는 물론이고 ‘깨달음’도 일어났다. 주위 세계의 물질적 감각적 일들을 지각할 뿐만 아니라 영적 지각기관을 활용하여 영적인 사상도 지각하므로 비의입문은 본질적으로 정화와 깨달음이라는 두 가지 과정을 거쳤던 것이다.

후아틀란티스기의 진화 전체는 에테르체가 점점 육체와 굳게 연결되는 방향으로 나아갔기 때문에 신체의 기능에 장해를 일으키지 않고 에테르체를 육체로부터 떼어내는 일이 점점 힘들어졌다. 그러므로 정화과정에서 아스트랄체를 바람직하게 발달시킨 다음 아스트랄체 스스로 육체와 에테르체에 결합하여 그 육체의 방해를 물리치고 자신의 영적 지각기관을 에테르체에 새겨 넣어

야 한다. 그때 육체와 에테르체를 분리시키지 않고 그것을 가능하
게 하는 방법을 구사해야 한다. 그러기에 아스트랄체가 육체의 저
항을 극복할 수 있을 만큼 강력한 충동을 가질 수 있게끔 명상과
집중의 힘을 강화해야 하는 것이다.

　앞에서 말한 일곱 가지 단계의 그리스도교적 비의입문은 그것
때문에 나온 것이다. 거기에 기술된 감정을 깊이 체험함으로써 아
스트랄체에 강하게 작용하여 몇 년 후 또는 더 빨리 또는 더 늦게
영적 지각기관을 조소적으로 형성하여 그것을 에테르체에 새겨
넣는 것이다. 그리스도교적인 이런 비의입문의 방법을 충분히 설
명하려면 2주일 정도의 시간이 필요하다. 그러나 지금 우리에게
는 그것이 중요하지 않다.

　어제는 그리스도교적 비의에 대해 세부에 걸쳐 이야기를 했는
데, 오늘은 그 원리에 눈길을 돌려보아야 하겠다. 그리스드교의
제자는 지속적으로 요한복음서의 말을 명상하면서 사흘 반의 무
의식 상태를 통해 비의에 입문할 수 있다. 요한복음서의 모두 '처
음에 말이 있었다'에서 '은혜 위에 은혜'에 이르기까지를 매일 그
자신에게 작용하게 만드는 일은 더 없이 훌륭한 명상법이다. 이
말에는 그런 힘이 있다. 왜냐하면 요한복음서 전체는 읽고 지적으
로 이해하는 대상이면서 내적으로 체험하고 느끼는 것이므로. 그
렇게 체험되었을 때 이 복음서 그 자체가 비의를 가능하게 하는
힘이 되고 13장 이후에 언급된 '세족' '채찍치기', 그 외의 내적 과
정이 아스트랄적 비전으로 체험되는 것이다. 그런데 장미십자회
의 비의는 그리스도교의 기반 위에 서기는 하지만 정화를 달성하

기 위해서 다른 상징을 명상한다. 인류가 한 걸음 더 진화하였기에 비의 방법도 거기에 대응하지 않으면 안 되는 것이다.

너 자신을 알라

비의에 입문한 사람은 이전과는 완전히 달라진다. 그때까지는 물질계의 일들에 사로잡혀 있었으나 지금은 영계의 일들과 관련성을 가질 수 있게 된다. 추상적이고 산문적인 의미의 인식에 비한다면 훨씬 생생한 현실인식을 얻게 되고, 그리고 영적 인식은 완전히 다른 과정을 밟게 된다. 그 인식 과정은 아름다운 격언 '너 자신을 알라'에 대응하는 것이다. 그러나 이 격언을 오해한다면 인식에서 가장 위험한 함정에 빠지게 될 것이다. 현대인은 너무도 안이하게 그 함정에 빠져 버린다.

많은 사람은 이 격언을 다음과 같이 해석한다. 세상일에 신경 쓰지 않고 자신의 내면으로 눈을 돌려 거기에서 영성을 구해야 한다는 것인데, 이것은 이 격언을 아주 잘못 이해한 결과이다. 그런 의미가 아니라 이때의 인식이란 지금까지의 상태에서 달성하지 못했던 입장으로 진화해야 한다는 것을 의미한다. 지금까지 자신이 끌어안은 자기인식에만 시종일관 몰두하면 지금까지 경험한 일만을 보게 된다. 자신의 낮은 자아에 의한 인식만 가지게 되는 것이다. 그러한 자기인식은 인식의 아주 작은 부분에 지나지 않는다. 거기에 다른 부분에 더해져야 한다. 두 가지 부분이.

내적인 것을 통해서도 인식을 위한 기관들을 만들어 낼 수 있지만, 태양을 알려면 외적 감각기관인 눈으로 자신의 내면을 보는 것이 아니라 하늘에 있는 태양을 보아야 하듯이, 내적 인식기관도 영적인 외계로 눈길을 돌리지 않으면 진정한 인식에 이를 수 없다. '인식'이란 개념은 영적 사상을 파악하고 있던 시대에는 현재보다도 더욱 깊은 현실적인 의미를 가지고 있었다. '아담은 아내 이브를 알았다'(창세기 4장 1), 또는 족장 머시기가 '자신의 여자를 알았다'라는 성서의 말을 읽어보면 그것이 수태를 의미한다는 것을 알 수 있다. 그리스어 '너 자신을 알라'라는 말도 그대의 내면으로 눈길을 돌리라는 것이 아니라, 영계에서 네 속으로 흘러 들어오는 것으로 네 자신을 수태하라는 말이다. 너 자신을 영계의 내용으로 가득 채우라는 것이다.

그러기 위해서는 두 가지가 필요하다. 첫째, 정화와 깨달음으로 마음의 준비를 갖추어야 하고, 둘째 자신의 내면을 영계로 향하여 자유롭게 열어두는 것이다. 인식과의 관련성으로 말하자면, 인간의 내면은 여성으로 외면은 남성으로 비교할 수 있다. 고차적 자아를 수용하기 위해서는 내면이 열려 있어야 한다. 그렇게 하면 인간의 고차적 자아가 영계에서 인간 속으로 흘러들어 온다. 도대체 인간의 고차적 자아는 어디에 존재하는 것일까? 인간 개인의 내부에 존재하는 것일까? 그렇지는 않다. 토성기, 태양기, 월기에 고차적 자아가 우주 전체에 스며들었다. 그리고 그 우주 자아가 인간에게 흘러들었다. 이 자아를 인간은 스스로에게 작용하게 해야 한다. 이미 마련된 내면에 이 자아를 작용시켜야 한다. 그러면 외적인 영적 작용이 인간 속으로 흘러들어 깨달음에 이를 수 있는 가능성이 일어난다. 인간이 스스로의 아스트랄체를 정화하고 그것으로 내적 인식기관을 발달시킬 수 있다면 그것이 가능하다.

처녀 소피아와 성령

이렇게 하여 아스트랄체는 에테르체와 육체 속에 잠겨 들어 마침내 깨달음에 이른다. 다시 말해 주위에서 영계를 지각할 수 있게 된다. 인간의 내면인 아스트랄체는 에테르체가 제공하는 것을, 그것이 우주전체, 우주자아에게서 흡수한 것을 받아들인다.

그리스도교의 비교는 이렇게 정화되고 순수화된 아스트랄체를 '순결하고 현명한 처녀 소피아'라 불렀다. 아스트랄체가 깨닫는 순간에는 물질계에서 비롯한 불순한 인상은 하나도 남김없이 사라지고 영계를 인식하는 기관만이 활동하게 되는 것이다. 정화 상태에서 수용하는 모든 것을 통하여 인간은 자신의 아스트랄체를 '처녀 소피아'로 만든다.

이 '처녀 소피아'에 대응하는 것이 '우주자아'이다. 우주자아는 깨달음으로 이끌어 준다. 자신의 주위에서 영의 빛을 찾아내게 한다.

'처녀 소피아'와 나란히 존재하는 이 '우주자아'는 비교적 그리스도교에서는 오늘날에도 '성령'이라 불리고 있다.

그러므로 비교적 그리스도인이 비의를 통하여 스스로의 아스트랄체를 순화하고 정화할 때 그 아스트랄체를 '처녀 소피아'로 만들고, 그 가운데 우주자아 '성령'의 빛을 받는 것이다. 이렇게 하여 깨달음을 얻은 사람, 비교적 그리스도교의 의미에서 '성령'을 자신 속에 받아들인 사람은 특이한 방식으로 말을 하게 된다.

그는 어떻게 말할까? 그 사람이 토성기, 태양기, 월기에 대해, 인간의 여러 본성에 대해, 우주진화의 과정에 대해 말할 때, 그것이 마치 그의 의견이 아닌 듯이 말하는 것이다. 그 사람 자신의 입장은 완전히 고려의 대상이 되지 않는다. 이런 사람이 토성기에 대해 말할 때는 토성기가 그 사람을 통하여 말을 하는 것이다. 태양기에 대해 말할 때는 태양기의 영적 본성이 그를 통하여 말을 한다. 사람은 도구가 된다. 그 사람의 자아는 소멸한다. 비인격화한다. 그리고 우주자아가 그 사람을 도구 삼아 말을 한다.

그러므로 진정한 비교적 그리스도교에서 의도나 의견은 아무런 문제가 되지 않는다. 그런 것은 정당하지도 유효하지도 않다고 생각하기 때문이다. 진정한 비교적 그리스도교를 전수받은 사람에게 눈앞의 두 마리 말 가운데 한 마리가 마음에 들지 않는다는 것은 아무런 의미가 없다. 말의 양태에 대해 말하고 진실을 재현하는 것이 문제가 될 따름이다. 모든 개인적인 생각에서 벗어나 영계에 대해 관찰한 것을 기술하는 것만이 그에게 소중하다. 신지학에서도 사실의 경과만이 기술되어야 한다. 그것을 기술하는 개인의 의견 따위는 아무래도 좋은 것이다.

이렇게 하여 우선 두 가지 개념이 영적인 의미에서 밝게 드러났다. 하나는 '처녀 소피아'이며, 이것은 정화된 아스트랄체를 가리킨다. 또 하나는 성령으로, 이것은 '처녀 소피아'가 된 아스트랄체를 통하여 말을 하는 '우주자아'를 가리킨다.

여기서 더 높은 단계에 이르기 위해서는 이것만으로는 충분하지 않다. 지금의 진화단계에서 인간은 정화된 아스트랄체인 '처녀 소피아'와 깨달음을 뜻하는 '성령'을 이렇게 받아들일 수는 있지만, 그러나 거기에 필요한 것을 지구에 제공할 수 있는 존재는 예수 그리스도이다. 실제로 예수 그리스도는 그리스도교의 비의 전수를 가능하게 하는 힘을 지구의 영적 부분에 침투시켰다. 그렇다면 이것은 또 어떤 의미에서 그럴까?

이름짓기의 비밀

이것은 두 가지를 전제로 할 때 이해할 수 있다. 첫째, '이름'의 의미를 알아야 한다. 복음서가 쓰인 시대에는 현대와는 완전히 다른 방식으로 이름을 지었다.

지금의 복음서 연구자가 복음서가 쓰인 당시의 이름짓기 방법을 이해하지 못하는 한 옳은 해석을 기대할 수 없을 것이다. 그렇다고는 하지만 당시의 이름 짓는 원칙을 밝히기는 매우 어려운 일이다. 그러나 대체적인 줄기만이라도 밝혀두지 않으면 안 된다.

한번 생각해 보자. 우리가 눈앞에 있는 사람을 마주할 때 그 사람 이름을 그냥 그런 이름으로 받아들이기만 하지 않고 그 사람의 뛰어난 자질도 그 이름을 통해 알 수 있다고 해 보자. 그럴 수 있는 사람은 상대의 깊은 본성을 영시할 수 있을 테고, 그 사람의 주요한 본성에 어울리는 이름을 그 사람을 위해 생각해 볼 수 있을 것이다.

만일 그것이 가능하다면 요한복음서의 작자가 의미하는 바의 이름짓는 방식을 알 수 있을 것이다. 요한복음서의 작자는 예수의 실제적인 어머니의 뛰어난 성질을 보고 그 성질에 어울리는 이름

을 생각했다. 이 어머니는 몇 번의 인생을 거치면서 높은 영적 차
원에 이르러 있었다. 외적으로 드러난 그녀의 인간됨은 비교적 그
리스도교가 말하는 '처녀 소피아'를 고스란히 드러내는 존재였기
에 작자는 예수의 어머니를 '처녀 소피아'라 불렀던 것이다.

  그처럼 예수의 어머니는 비교적 그리스도교에 있어서 늘 '처녀
소피아'라 불렸다. 다른 복음서 작자들이 예수의 어머니를 '마리
아'라는 세속명으로 부르는 데 반해 요한복음서의 작자는 공교적
인 의미에서 그녀의 이름을 결코 밝히지 않았다. 요한은 이름을
통하여 깊은 세계사적 진화과정을 표현하려 하였다. 그러므로 예
수의 어머니를 '마리아'라고 부르지 않고 오히려 그녀의 여동생
에게 '크레오파스의 아내 마리아'라는 이름을 주었다. 그것으로
인하여 요한은 자신이 예수의 어머니 이름을 부르고 싶지 않음을,
그 이름을 널리 알릴 생각이 없음을 시사한 것이다. 비교적인 모
임에서 예수의 어머니는 늘 '처녀 소피아'라 불렸다. 그녀는 역사
에서 '처녀 소피아'를 대표하는 인물인 것이다.

'나사렛 예수'와 '예수 그리스도'

둘째로 그리스도교와 그 창시자의 본질에 다가가기 위해서 '나사
렛 예수'와 '예수 그리스도'를 구별하지 않으면 안 된다. 왜?

  나사렛 예수라는 역사상 인물은 윤회전생을 통하여 높은 진화
에 이른 인물이다. 그리고 그 결과 요한이 '처녀 소피아'라 부른
아스트랄체가 정화된 혼을 가진 어머니에게 이끌려 간 것이다. 나
사렛 예수라는 위대한 인물은 이미 전생에서 높은 차원의 진화를

이루었고 당시 이미 고차적인 영계에 입문하였다.

　요한복음서 이외의 작자들은 요한처럼 깨달음의 단계에 이르지 않았다. 오히려 그들은 이 지상세계에서 그들의 스승인 구세자 나사렛 예수가 편력하는 모습만을 보았다. 보다 신비적인 관련성으로서 요한이 영시한 높은 차원은 그들에게 감추어져 있었다. 그러므로 나사렛 예수 가운데 유대인의 모든 세대를 통하여 작용하는 신, 다시 말해 아버지 신이 살아 움직인다는 사실에 특별한 가치를 두었다. 그들은 다음과 같이 말했다. '나사렛의 예수 가계를 거슬러 올라가면 여러 세대를 통하여 흘러 온 피가 그 속에도 흐른다는 것을 증명할 수 있다'

　그러므로 계보도를 들어 각 인물이 어떤 진화단계에 이르렀는가를 말한다. 마태는 특히 나사렛 예수 가운데 아버지 아브라함이 살아 있음을 느낀다. 아버지 아브라함의 피가 예수에게 이어져 있는 것이다. 그러므로 마태복음 1장 1에서 17까지 아브라함에게 이르는 계보를 제시하는 것이다. 그다지 물질적 관점에 서지 않는 누가는 예수 가운데 이미 아브라함 속에도 살아 있던 신이 살아 움직인다고 말할 뿐만 아니라 그 혈통을 아담까지 거슬러 오를 수 있다고 말한다. 아담은 신의 자식이었다. 다시 말해 아담은 인류가 처음으로 영성에서 신체성으로 이행하는 시대에 속했던 것이다.(누가복음 3장 23-38) 마태와 누가의 경우, 이 역사 속의 나사렛 예수가 아버지 신까지 거슬러 올라가는 혈통 속에서 살아 있음을 드러낸다.

　영적 일들에 눈길을 던지는 요한에게는 그것이 중요하지 않았다. '나와 아버지 아브라함은 하나다'라는 말이 소중했던 것이 아니라 인간 속에는 어떤 경우에도 아버지 아브라함 이전부터 '영원한 것'이 존재한다고 말한다. 태초에 '로고스'가 다시 말해 '나는 나다'가 있었던 것이다. 모든 외적 사상 이전에 로고스가 있었다. 로고스는 태초에 있었던 것이다.

한편 나사렛 예수에게 주목하는 복음사가들은 피가 세대에 걸쳐 이어짐을 말한다. 나사렛 예수의 아버지 요셉 안에 세대를 통해 흘러내려 온 피가 살아 있음을 말하고 있다.

비교적인 입장에서 말하자면 여기서 이른바 '처녀수태'에 대해 말하지 않을 수 없는데, 그것은 극히 제한된 사람만이 말할 수 있는 일이다. 그것은 이 세상에 존재하는 가장 심오한 비의에 속하는 일이기 때문이다. 이 말을 이해하지 못하는 이유는 애당초 처녀수태가 무엇인지 모르기 때문이다. 사람들은 보통 아버지가 없다는 것을 뜻한다고 생각한다. 그러나 거기에는 아주 깊은 비밀이 감추어져 있다.

요한 이외의 복음서 작자들이 말하는 '요셉이 아버지다'라는 것이 바로 그 배후에 있는 비밀과 연결되어 있다. 만일 이 작자들이 요셉이 아버지라는 것을 부정한다면, 그들이 말하려는 일들이 완전히 무의미해져 버린다. 그들은 오래된 신이 나사렛 예수 속에 살아 있음을 가르치려 하고 있다. 특히 누가가 표 나게 그런 말을 한다. 그러므로 가계 전체를 아담까지, 그리고 신에게까지 연결시키려 한다. 그러나 만일 누가가 이러한 계보가 존재하지만 요셉은 예수의 출생과 아무런 관계가 없다고 말한다면, 예수와 아담을 하나로 잇는 계보는 성립하지 않는다. 요셉을 중요한 인물이라 말하면서 그러나 그와 예수의 관련성을 부정한다는 것은 참으로 기묘한 일이다.

그리스도의 수육

그렇지만 우리는 팔레스티나에서 일어난 일 가운데서 몇 번의 윤회전생을 거듭하면서 위대한 진화를 이룩한 그 어머니에게서 태어난 나사렛 예수만을 말하려는 것은 아니다. 제2의 비의도 문제로 삼으려 한다.

나사렛 예수가 서른 살이 되었을 때 그는 그때까지의 인생에서 겪은 모든 체험을 통하여 예외적인 상태에서 수행되는 특별한 과정을 체험하는 단계에 이르렀다. 인간이란 존재는 육체, 에테르체, 아스트랄체, 자아로 구성되어 있다. 인간이란 이렇게 4중의 존재이다. 이 인간이 일정한 진화를 이룩하면 어떤 시점에서 자아를 다른 세 가지에서 분리하여 세 가지 존재부분을 완전히 건전한 상태 그대로 남겨 둘 수 있게 된다. 자아는 영계로 들어가고 다른 세 부분은 남게 된다. 우리는 때로 이런 과정을 세계사에서 찾아 볼 수 있다.

특별히 고양된 순간이 어떤 인간에게 찾아 올 수 있다. 이런 순간이 오래 지속되는 경우도 있다. 그때 자아는 홀로 떨어져 나와 영계로 들어간다. 그리고 남은 세 부분도 자아에 의해 고차적인 진화를 이루었기에 고차적인 영들의 도구가 될 수 있다.

나사렛 예수가 서른 살이 되었을 때 '그리스도'가 예수의 나머

지 세 부분을 자신의 도구로 삼았다. 그리스도가 통상적인 어린아
이의 신체에 수육한다는 것은 불가능한 일이다. 높은 단계의 진화
를 이룩한 자아에 의해 준비된 신체 속에만 수육할 수 있기 때문
이다. 그리스도는 지금까지 한 번도 인체에 수육한 적이 없었다.
오로지 서른 살이 된 나사렛의 예수에게만 그리스도가 존재할 수
있었다.

　도대체 무엇이 거기에 수육하였을까? 나사렛 예수의 신체는 성
숙된 완전한 몸이었기에 그 안에 태양의 로고스가 다시 말해 태양
의 영적 본질인 앞에서 말했던 여섯 엘로힘의 본질이 들어간 것이
다. 이 본질 존재는 3년 동안 이 신체에 수육할 수 있었다. 로고스
가 살이 된 것이다. 깨달음을 통해 인간 속에서 빛날 수 있었던 태
양 로고스, 성령, 우주자아가 그로부터 3년 동안 예수의 몸을 통
해 말을 쏟아낸 것이다. 이때의 수육 과정은 요한복음서나 다른
복음서에서 비둘기가 된 성령이 나사렛 예수에게 내려왔다고 기
술되어 있다. 비교적 그리스도교에서는 이 순간에 나사렛 예수의
자아가 그 신체에서 벗어나고 그것을 대신하여 그리스도의 영이
그 몸을 통해 말을 하고 가르치고 이끌었다고 가르친다. 이것이
요한복음서의 의미에서 최초의 사건이었다. 이제 그리스도가 예
수의 아스트랄체, 에테르체, 육체에 작용한다. 그리스도는 앞에서
말한 그런 의미에서 골고다의 비의에 이르기까지 작용한다. 골고
다에서는 어떤 일이 일어났을까?

태양 로고스와 지구의 결합

골고다에서는 다음과 같은 일이 일어났다. 십자가에 걸린 그 사람의 상처에서 피가 흘러내렸다. 이 중요한 순간을 이해하기 위해서 다른 예를 들어 이 사건과 비교하며 생각해 보기로 하자.

여기 글라스에 물을 부어 흐리지 않을 만큼 소금을 섞는다. 물을 데우면 소금은 완전히 녹지만 식히면 침전하여 바닥에 쌓인다. 이 과정은 눈으로 관찰할 수 있다. 그러나 영적 눈으로 바라보면 다른 과정이 일어난다는 것을 알 수 있다. 글라스 바닥에 소금이 쌓일 때 소금의 정(精)은 위로 올라가 물을 가득 채운다. 소금의 정이 소금에서 벗어나 물 안으로 퍼져나갈 때 비로소 소금은 바닥에 쌓일 수 있다. 이런 사정에 정통한 사람은 농축이 늘 영화의 과정을 동반한다는 것을 안다. 아래쪽에서 농축되는 물질은 위로 향하여 영화된다. 그와 마찬가지로 피가 구원자의 상처에서 흘러내리는 물질적인 과정이 일어나면서 영적인 과정도 동시에 일어났다. 그리고 이 과정은 세례 때 성령이 내려와 대지와 결합하듯이, 그리스도 자신이 지구 존재 속에 흘러들어 온 것을 뜻한다. 이때부터 지구는 변용한다. 그러므로 앞에서도 말했듯이 만일 누군가가 먼 별에서 지구를 바라본다면 지구 전체의 모습이 골고다의 사건과 함께 변화한 것을 알 수 있었을 것이다. 태양 로고스가 지구와 결합하여 '지구령'이 되었다. 태양 로고스는 서른 살이 된 나사렛 예수의 몸으로 들어가 3년 동안 그 속에서 작용하고, 이어서 지구와 결합하여 활동하게 되었던 것이다.

그 사건은 앞에서 말한 의미에서 '정화'된 아스트랄체를 가지게 되었음을 뜻한다. 자신의 아스트랄체가 점차로 '처녀 소피아'에 접근하여 '성령'을 수용할 수 있는 가능성이 그리스도인에게 주어진 것이다.

요한복음서의 사명

성령이 아무리 지구상에 널리 퍼져 있다 해도 아스트랄체가 정화되지 않으면 그것을 수용할 수 없다. 아스트랄체를 '처녀 소피아'로 만들 힘이 있어야 한다. 그 힘은 어디에 있을까? 예수 그리스도가 요한복음서의 작자인 사랑하는 제자에게 위탁하여 깨달음의 힘으로 팔레스티나에서 일어난 일들을 충실히 기록하게 하고, 사람들이 그 과정의 작용을 받아들일 수 있도록 한 그 가운데 있다.

　요한복음서의 내용을 충분히 자신에게 작용시킨다면 아스트랄체가 '처녀 소피아'에 접근하여 언젠가는 성령을 받아들일 수 있게 될 것이다. 요한복음서에서 나오는 강렬한 충동으로 점차 진정한 영성을 느끼고 인식하게 될 것이다. 예수 그리스도는 그러한 사명을 요한복음서의 작자에게 주었다. 이 복음서에 의하면 십자가 곁에 예수의 어머니가, 다시 말해 비교적 그리스도교의 의미에서 '처녀 소피아'가 서 있었다. 그리고 십자가 위에서 그리스도가 사랑하는 제자에게 '보라, 너의 어머니이시다'라고 말한다. '그때부터 그 제자는 예수의 어머니를 집에 모셨다'(19장 27절). 다시 말해 '내 아스트랄체 속에 있는 힘을, 성령을 받아들일 수 있는 힘을 너에게 주노니, 이 아스트랄체의 본질이 무엇인지 기록하라' 그런 말을 하고 있는 것이다.

'제자는 그녀를 집에 모셨다'라는 것은 그가 복음서를 썼다는 뜻이다. 이 복음서는 '처녀 소피아'의 힘을 내장하고 있다. 요한은 십자가 아래서 '처녀 소피아'를 자신의 어머니로 삼고 진정으로 '메시아'의 뜻을 전하는 자가 되라는 위탁을 받은 것이다. 이것은 본래 다음과 같이 이해되어야 마땅하다.

"요한복음서에 깊이 잠겨들어 보면, 그 글은 그리스도교의 의미에서 '정화'를 촉진하는 힘과 '처녀 소피아'를 그대에게 부여하는 힘을 가지고 있다. 또한 지구와 결합된 성령이 그리스도교적 의미에서 '깨달음'을 그대에게 줄 것이다"

영으로 보다

가장 가까운 제자들은 당시 팔레스티나에서 경험한 일이 너무도 강렬하여 적어도 하나의 가능성으로서 영으로 보는 힘을 가지게 되었다. 왜냐하면 그리스도교의 의미에서 '영으로 본다'는 것은 팔레스티나의 사건의 작용으로 아스트랄체가 변화되었기에 제자들이 보려는 것이 이미 외적, 물질적으로 존재할 필요가 없어졌다는 것을 뜻하기 때문이다.

그것 말고도 영적인 것으로 눈길을 돌리게 해 주는 것이 있다. 베타니아 거리에서 예수 그리스도에게 향유를 발라 준 여자는 팔레스티나의 사건으로 영적인 눈을 가지게 되었다. 그러므로 그녀는 예수 가운데 살아 있는 존재가 사후 부활했음을 처음으로 알아챈 사람 가운데 하나가 되었다. 그녀는 도대체 어떻게 하여 영적인 눈을 가지게 되었을까? 내적 감각기관이 열렸기 때문이다.

막달라 마리아는 묘로 이끌려 간다. 유해는 이미 없어졌고 그녀
는 묘에서 두 사람의 영적인 모습을 본다. 유해가 상당한 시간 동
안 일정한 장소에 놓여 있었을 때는 늘 이 두 사람의 영적인 모습
을 볼 수 있었다. 한편으로는 아스트랄체가 다른 한편으로는 점차
우주 에테르에 녹아드는 에테르체가 보이는 것이다. 육체와는 달
리 영계에 속하는 두 가지 영적인 형상이 거기에서 보이는 것이
다.

> 두 제자가 자기 집으로 돌아갔다. 마리아가 무덤 밖에 서
> 서 울면서 몸을 구부려 무덤 안을 보니, 예수의 유해가 놓
> 여 있던 곳에 하얀 옷을 입은 두 천사가 있었다. (20장 10
> - 12)

그녀는 팔레스타나의 사건을 통해 견령 능력을 얻었기에 볼 수
있었던 것이다. 그뿐만 아니라 부활한 모습도 그녀는 보게 된다.
도대체 그것을 보기 위해서 그녀는 견령 능력을 필요로 했던 것일
까? 우리는 어떤 사람의 모습을 며칠 전에 보고 며칠 뒤에도 보았
을 때, 그것을 동일인물이라 인정할 자신이 있는가.

> 그렇게 말하며 뒤를 돌아보니 누가 서 있는 것이 보였다.
> 그러나 그가 예수인 줄 알지 못했다. 예수가 말했다. '여자
> 여, 왜 우는가. 누구를 찾고 있는가' (20장 14-15)

이 말은 그냥 아무런 의미도 없이 그리 기술된 것이 아니다. 가능한 한 엄밀하게 그것을 받아들이도록, 한번에 그치지 않고, 티베리아스 호반에서 부활한 예수가 두 번째로 나타났을 때도 같은 말이 기술되어 있다.

> 날이 밝을 즈음 예수가 호숫가에 서 있었다. 그러나 제자
> 들은 그가 예수인 줄 알아차리지 못했다. (21장 4)

비교의 제자들은 겨우 그를 발견해 낸다. 팔레스티나의 사건의 작용을 이미 받아들인 사람들은 그것이 부활한 예수라는 사실을 영적으로 볼 수 있었던 것이다.

제자들과 막달라 마리아가 그 모습을 보았을 때, 거기에 있던 몇 사람은 아직 견령 능력을 갖지 못한 단계였다. 도마도 그 가운데 한 사람이었다. 제자들이 주를 처음 보았을 때 도마는 거기에 없었다고 한다. 그리고 그는 자신의 손을 주의 상처에 대고 부활한 몸을 만져보지 않고서는 믿을 수 없다고 말한다. 거기서 무슨 일이 일어났던가. 그렇게 함으로써 그에게도 견령 능력이 주어진 것이다. 그것은 어떻게 가능해졌을까?

> 여드레가 지나서 제자들이 다시 집에 있었고, 도마도 자리
> 를 같이 했다. 문이 닫혀 있었는데도 예수가 한가운데 서
> 서 '너희에게 평화가 있기를' 하고 말했다. 그런 다음 도마
> 에게 말했다. '네 손가락을 여기에 대고, 내 손을 보라. 그

리고 네 손을 뻗어 내 옆구리에 넣어보라. 믿음 없는 자가
되지 말고 믿는 자가 되라'(20장 26-27)

외적인 모습만을 믿지 말고 내적 힘을 발휘하면 뭔가를
볼 수 있게 될 것이라는 말이다. 예수는 도마에게 말했다.
'나를 보았기에 믿는가. 보지 않고 믿는 자는 복 받으리라'
(20장 29)

팔레스티나의 사건에서 비롯한 내적 힘을 '신앙'이라 부른다.
그것은 단순히 믿는 힘이 아니라 내적 견령 능력이다.
　이러한 내적 힘을 발휘한다면 이미 외적으로 보이는 것만을 현
실이라고 생각할 필요가 없어진다. 왜냐하면 외적으로 보이지 않
는 것을 알 수 있는 사람은 행복한 존재이므로.
　이렇게 여기서는 부활의 진실이 진술되어 있다. 그리고 영적인
것을 보는 내적 힘을 갖춘 사람만이 이 부활을 인식할 수 있는 것
이다. 이것이 요한복음서의 마지막 장의 의미를 이해하게 해준다.
예수 그리스도의 가장 친밀한 제자들 앞에서 이 사건이 성취됨으
로써, 제자들이 '처녀 소피아'에 이르렀다는 것이 명백히 시사되
어 있다. 그렇지만 제자들이 영적인 사건을 실제로 보고 그것을
견뎌내야만 했을 때, 그들의 눈은 어두워지고 뭐가 뭔지 도무지
모르는 상태에 빠지게 된다. 그들은 그가 이전에 같이 있었던 그
사람인 줄 알아차리지 못했던 것이다.
　이것을 이해하려면 가장 의미심장한 개념을 사용해야 한다. 조

잡한 유물론적 사고의 소유자는 이렇게 말할 것이다. '뭐야, 부활이 수상쩍어지지 않았는가'라고. 부활의 기적은 말 그대로 받아들여야 한다.

예수는 이렇게 말했다.

'세상이 끝나는 날까지 나는 너희와 항상 함께할 것이다'

(마태복음 28장 20)

신지학의 세계사적 의미

그는 거기에 있다. 그리고 다시 올 것이다. 육체를 가지고서는 아니겠지만 지금까지 요한복음서의 힘으로 진화를 이루어 온 사람이라면 실제로 보이는 그런 모습으로. 영적인 힘을 가진다면 우리는 반드시 그를 볼 수 있다. 신지학 운동의 사명은 이렇게 '보이게 하는' 것에 있다. 그것은 지상에서 그리스도의 재래를 준비하는 사람들의 운동이다. 그리스도가 제6 후아틀란티스 문화기에 다시 나타날 때, '카나의 잔치'와의 관련에서 이미 시사한 것을 성취하기 위해서 인류사회의 대부분 사람들에게 견령 능력을 부여하는 것, 그것이 바로 신지학의 세계사적 의미이다.

이렇게 생각한다면 신지학은 그리스도의 유언 집행자인 것처럼 보인다. 미래 사람들은 진정한 그리스도교를 만나기 위해 이 영적인 가르침을 받아들이게 될 것이다. 아직 많은 사람들이 '신지학은 진정한 그리스도와 맞지 않다'라고 말하는 것과 상관없이. 그런 말을 하는 사람들은 자신이 모르는 것을 제멋대로 판단하고, 자신이 모르는 것은 존재하지 않는다는 도그마를 내세우는 작은 교황들이다.

그러한 관용이라고는 전혀 없는 태도는 앞으로 점점 더 널리 퍼질 것이다. 그리고 그리스도교는 지금 자신들을 선량한 그리스도인으로 착각하는 사람들에 의해 큰 위험에 빠지고 말 것이다. 이름만 그리스도인일 뿐인 사람들에 의해 신지학 속의 그리스도교는 심하게 공격받을 것이다. 그리스도교를 영적 관점에서 진정으로 이해하려 한다면, 종교상의 모든 개념을 변화시키지 않으면 안 된다. 특히 요한복음서의 작자가 남긴 위대한 '처녀 소피아'가, 그리고 요한복음서 그 자체가 앞으로 점점 더 사람들의 마음속에서 살아 움직이게 될 것이다. 그렇지만 신지학만이 진정으로 우리들을 요한복음서 가운데로 깊이 이끌어 줄 것이다.

이상의 연속강의는 신지학이 우리를 요한복음서 속으로 어떻게 인도해 줄 것인지에 대한 하나의 표본을 제시한 데 지나지 않는다. 실제로 요한복음서 전체를 해명한다는 것은 불가능한 일이다. 그것은 이 복음서 속에도 기술되어 있다.

> 이 외에도 예수가 행한 일은 많다. 그 하나하나를 다 적는다면 이 세계도 그 책을 다 두기에 부족할 것이다. (21장 25)

요한복음서 자체가 팔레스티나 사건의 세부를 하나하나 다 기술하지 못한 것처럼, 아무리 길고 긴 연속강의도 요한복음서의 영적인 전체 모습을 해명할 수 없다. 그러므로 이번에는 이 정도 내용으로 만족하지 않을 수 없다. 그러나 진정한 만족은 이러한 시사를 통하여 그리스도교의 진정한 계약이 인류진화에 공헌할 때만 이루어질 것이다. 어떤 사람들이 다가와서, '그대들이 말하는 개념은 너무 복잡해. 그런 개념으로는 복음서를 이해할 수 없어. 복음서는 단순하고 소박한 사람들을 위한 것이야'라고 말한다 해도 요한복음서에서 배운 내용을 기초로 하여 굳건히 자리를 지킬 수 있어야 한다. 어떤 사람들은 아마도 다음과 같은 말을 인용할 것이다.

> 심령이 가난한 자는 복이 있나니. 천국이 그의 것이니. (마태복음 5장 3)

이 말의 의미를 올바르게 이해하지 못한 사람들만이 이 말을 그럴 때 인용한다. 이 말의 진정한 의미는 이러하다.

영으로 구걸하는 자는 행복하다. 그 사람은 천국을 자신 가운데서 찾아낼 것이다.

거지처럼 영을 구걸하는 사람들, 영을 끊임 없이 갈구하는 사람들은 자신 속에서 천국을 찾아 낼 것이다.

모든 종교적인 것은 소박하며 단순하다는 것이 현대인의 의

견이다. 과학이라면 아무리 복잡한 개념을 사용하더라도 용인된
다. 그러나 신앙과 종교는 단순하고 소박하지 않으면 안 된다. 많
은 '그리스도인'은 그렇게 말한다. 그러므로 위대한 유물론자 볼
테르의 다음과 같은 입장은 설령 그 말의 유래를 모른다 하더라
도 많은 사람들의 마음에 똬리를 틀고 있다. '예언자이고자 하는
사람은 신앙을 가져야 한다. 자신이 하는 말을 스스로 믿어야 하
기 때문이다. 그리고 단순한 것을 몇 번이고 반복하면 그것이 신
앙의 대상이 된다'

현재의 많은 예언자에게, 진정한 예언자에게, 사이비 예언자에
게도 이 말은 타당하다. 그 사람은 뭔가를 말하고 그것을 몇 번이
고 반복한다. 그렇게 하면 사람들은 그것이 반복됨으로 해서 믿기
시작한다. 신지학자는 이러한 예언자가 되고자 하지 않는다. 예언
자가 될 생각은 하나도 없다. 사람들은 그에게 말할 것이다.

'너도 똑 같은 말을 거듭하지 않느냐. 늘 같은 것을 여러 가지 측
면에서 온갖 방법으로 말하지 않느냐'

만일 그런 말을 듣는다 해도 신지학자는 자신의 그런 태도를 잘
못 되었다고는 생각하지 않는다. 예언자는 믿게 하려고 그렇게 말
하지만 신지학자는 신앙으로서가 아니라 인식으로 이끌기 위해
그렇게 한다. 우리는 볼테르의 말을 다른 의미로 받아들인다. '단
순한 것은 믿음의 대상이 된다. 그리고 그것이 예언자의 방식이
다'라고 그는 말한다. '그렇지만 다양한 것을 인식할 수 있다'라고
신지학자는 말한다.

신지학의 내용은 다양하다. 그것은 신앙고백이 아니라 다양성

을 기꺼이 받아들이는 인식의 길이다. 이것을 잘 의식해야 한다. 그리스도교의 가장 중요한 문헌 가운데 하나인 요한복음서를 이해하기 위해 많은 일들을 고려하고 생각하는 데 주저해서는 안 된다. 그러므로 우리는 요한복음서의 깊은 진실을 가장 깊이 이해할 수 있기 위해 가능한 한 많은 문제를 다루려고 했다. 예수의 물질적인 의미에서 어머니가 '처녀 소피아'의 외적인 현현이며 모상이라는 것, 예수가 사랑한 비의 상의 제자 요한에게 '처녀 소피아'란 영적으로 무엇을 의미하는가라는 문제, 그리스도가 '성령'을 통하여 3년간 예수 속에서 태어났다는 것. 이 성령은 상징적으로 세례 요한이 세례를 받을 때 하늘에서 내려 온 비둘기로서 암시되었다. 이러한 것을 이해하기 위해서이다.

그러므로 만일 '성령'이 그리스도의 아버지이며 성령이 예수의 몸에 그리스도를 만들어 냈던 것이라고 이해한다면, 그리고 이 사건을 모든 측면에서 고찰한다면, 심오한 의미를 지닌 비의에 입문하지 못한 다른 제자들이 주가 사랑한 제자만큼 팔레스티나의 사건에 대해 깊은 이해를 갖지 못했다는 사실을 알 수 있을 것이다. 오늘날 우리가 공관복음서만을 인정하려 하는 것은 그 사람이 요한복음서의 진정한 모습을 이해하지 못했기 때문이다. 모든 정신은 자신이 이해하는 정신일 뿐이다.

이 강의를 통해 배운 내용은 감정으로 받아들여야 한다. 그렇게 하면 요한복음서가 가르침의 글이면서 동시에 우리의 혼에도 작용하는 힘을 가지고 있음을 알 수 있을 것이다.

요한복음서의 내용은 결코 여기서 말한 내용에 머물지 않는다.

요한복음서는 말이라는 우회로를 통하여 혼 그 자체를 앞으로 나아가게 하는 힘도 가지고 있다. 이것이 이 짧은 연속강의를 통하여 여러분의 감정 속에 살아 숨쉴 수 있다면 이 연속강의도 나름의 의미를 가지게 될 것이다. 이 강의는 지적인 이해력을 위해 행해진 것이 아니라 지적인 이해력이라는 우회로를 통하여 감정에 작용하기 위한 것이다. 그리고 감정은 강의에서 말한 개개의 사건으로부터 태어난 감정이어야 한다. 이것이 올바르게 이해된다면, 신지학이 그리스도교를 예지로서 파악하고 그 예지에 의한 우회로를 통하여 그리스도의 진정한 위대성을 이해할 수 있게 하려는 사명을 가지고 있다는 사실을 알게 될 것이다. 그리스도교는 지금 그야말로 그 작용의 발단에 놓여 있다. 그리고 그 진정한 작용은 그것을 영적 관점으로 받아들일 때 비로소 성취된다. 이번 연속강의를 그런 뜻에서 받아들여주기를 바란다.

그리스도교의 비교적 측면을 종횡으로 논한 이 연속강의는 북독일의 도시 함부르크에서 1908년 5월 18일부터 31일까지 14일간 12회에 걸쳐 행해졌다. 슈타이너가 47세 때의 일로, 그가 가장 집중적으로 그리스도교 연구에 몰입한 시기이다.

　마태복음, 마가복음, 누가복음이라는 공관복음서와는 완전히 다른 비전을 기초로 하여 신의 복음을 설하는 요한복음서는 이미 3세기 오리게네스 때부터 신비주의적인 입장의 그리스도교도들에게 특별히 중요한 성전이었는데, 신지학협회원들도 슈타이너로부터 특히 요한복음서 강의를 듣고 싶어 했다. 회원들의 그런 요청에 응하여 슈타이너는 1907년 11월 바젤에서 8회 연속강의를 했고 이어서 그것을 발전시켜 이 책의 기반이 된 연속강의를 한 것이다.

　러시아의 화가 마르가리타 볼로신의 회상록 '녹색 뱀'에 따르면, 이 때 강의는 어떤 개인주택의 작은 홀에서 이루어졌다. 슈타이너는 노란 비단 장막 앞에서 작은 책상을 향해 서 있었다. 그 때의 인상을 그녀는 이렇게 적는다.

　"연속강의의 첫날 , 루돌프 슈타이너는 '처음에 말이 있었다'에서 시작하는 요한복음서의 서두에 대해 말했다. 그는 눈앞의 책상

위에 놓인 꽃병에서 난초꽃 하나를 손에 빼들고는 이렇게 말했다.
'마치 이 꽃이 씨앗에서 태어나듯이 그리고 그 씨앗이 꽃 안에 감
추어져 있듯이 세계도 인간도 언어에서 태어났습니다. 세계는 처
음에 고요 속에 잠겨 있었습니다. 인간에게는 말이 없었습니다.
그렇지만 '말'은 인간 안에 감추어져 있었습니다. 마치 꽃 속에 그
씨앗이 깃들어 있듯이. 그리고 '말'은 이윽고 인간 내부에서 울려
퍼지기 시작하여 '나는 나다'라고 말하게 되었습니다"

　이 연속강의에는 루돌프 슈타이너의 그리스도교에 대한 자세
가 아주 명료하게 나타나 있다. 요한복음서를 이야기하는 슈타이
너의 어투에는 이 세상을 살아간다는 것이 아득히 먼 과거에서부
터 준비된 우주적 활동의 귀결이라는 것을 그리스도교의 '사랑'
의 사상으로 전하고 싶다는 소망이 담겨 있다. 따라서 이 책은 자
신을 둘러싼 주변세계의 저편으로 퍼져나가는 끝도 없는 우주가
자신의 마음 내부에서 생생하게 숨을 쉬는 희유의 독서체험을 줄
것이다. 학술적으로 요한복음서를 논하는 것과는 완전히 다른 방
식으로 게다가 수미일관 논리를 세우면서 그 옛날 요한복음서 작
자 자신이 체험하고 표현한 세계로 독자를 이끌어 가려 한다. 루
돌프 슈타이너의 그런 배려가 어떤 특별하고 마치 이 세상 것이
아닌 듯한 상냥한 기운이 되어 읽는 이의 마음을 감싼다.
　만년에 이르러 슈타이너는 당시의 신지학협회원을 위한 연속
강의에 대해 자서선 '나의 생'에서 다음과 같이 말한다.
　"현대인의 의식 앞에 인지학을 제시하기 위해서 내가 행한 내

적 투쟁을 더듬어보려는 사람은 공간된 저술을 읽어 볼 필요가 있
다. 저술 속에서 나는 시대의 모든 인식 작업과 정면으로 마주치
려 했다. 나의 '영시' 속에 서서히 형태를 취하고 나타나, 물론 많
은 점에서 불완전한 것이었지만, 인지학이라는 구조물로 변신한
것이 저술 속에 기록되어 있다. '인지학'을 구축하려는 나의 요구
와 나란히 또 하나의 다른 요구도 있었다. 그것은 협회원의 내적
혼이 요구하는 것에도 전면적으로 응해 주려는 마음에서 나온 것
이었다.

특히 복음서 및 성서 그 자체를 인지학의 빛에 비추어 말해주기
를 바라는 강렬한 요구가 있었다. 회원들은 인류에게 전해져 온
그리스도의 가르침에 대한 강의를 원했다.

이 요구에 응하는 형태로 비공개 연속강의를 했을 때 또 다른
문제가 일어났다. 이러한 강의에는 회원만이 참가했다. 그 사람들
은 인지학의 기초적인 내용을 이미 배운 터라 인지학에 관해서 말
하자면 고급과정에 이른 것으로 보고 말을 할 수 있었다. 그러므
로 공개적으로 읽히는 것을 전제로 한 저작에서는 찾아 볼 수 없
는 자세를 취할 수 있었다.

공개할 생각이었다면 다른 방식으로 이야기해야 마땅하다고
지적받을 수 있는 그런 방식으로 이야기를 했다.

이렇게 공적인 저술과 사적인 인쇄물(회원을 위한 연속강의)은 제
각기 다른 두 가지 기초에서 일어났다. 공적인 저술은 나의 내부
에서 격투를 벌이며 집필한 성과물이고, 사적인 인쇄물은 참가한
사람들이나 독자가 나와 함께 싸우며 사색한 결과물이다. 나는 회

원들의 혼의 고동에 귀를 기울인다. 그리고 그때 내가 듣고 싶은 것 속에 잠기면서 강의 내용을 만들어 간다.

　이런 의미에서 슈타이너의 모든 연속강의가 그러하듯이 본서의 내용도 슈타이너가 격투하며 표현한 내용을 그와 같은 방식으로 격투하며 추체험하려 할 때, 슈타이너의 의도를 알 수 있는 그런 방식으로 이루어져 있다.
　또한 인용된 성서의 말은 널리 읽히는 공동번역본에 의거하였으나, 슈타이너의 해석이 든 부분은 독일어 원문 그대로의 의미를 살렸다.

1997년 10월 25일　다카하시 이와오

운명을 다스리는 명쾌한 내적 혁명

난세에 필요한 영원한 멘토
열자

수천 년을 이어온 우화에 담긴 메시지는 읽을 때마다 다양한 각도로 우리에게 삶의 지혜를 전한다. 사람들은 명예·지위·재물·장수 이 네 가지를 좇느라 기력을 탕진하며 쉬지도 못한다. 그것은 과거에도 지금도, 그리고 아마 앞으로도 변하지 않을 것이다. 그러다 문득 자신의 삶을 돌아볼 때, 이 책은 당신만의 보물상자가 되어줄 것이다. **열자 지음 | 정창영 옮김**

서양의 지성들을 움직인 동양의 고전
도덕경

헤겔이나 하이데거, 톨스토이 등 철학자나 대 사상가들이 도덕경을 읽었다는 사실은 잘 알려져 있다. 지성인들은 왜 도덕경을 마치 화수분 삼아 그 곁을 떠날 줄을 몰랐을까. 변증법에 입각한 독일관념론의 체계를 수립한 철학자 헤겔은 "노자의 사상은 그리스 철학을 능가하는 인류 철학의 원천"이라고 말했었다. **노자 지음 | 정창영 옮김**

일상의 삶속에 드러나는 영적인 깨달음
바가바드 기타

오랜 세월 인류가 반드시 읽어야 할 고전이자 경전으로 손꼽혀 이 책은 700구절의 시 형식으로 되어 있다. 신의 현현(顯現) 크리슈나와 위대한 영혼의 소유자 아르주나가 나누는 이야기다. 그 이야기 속에는 마음, 물질, 카르마, 요가, 명상, 지혜, 깨달음, 윤회, 삶과 죽음 등 인류가 품어온 거의 모든 의문과 그 대답이 들어 있다. **뱌사하 지음 | 정창영 옮김**

마르지 않는 지혜의 샘
아는 것으로부터의 자유

크리슈나무르티는 우리에게 정말 살고 있느냐고 물으면서 부분적인 변화가 아닌 완전한 변화, 즉 내적 혁명을 강조한다. 그러려면 '과거는 죽어야' 한다. 어제가 죽어야 오늘이 있고 매순간 죽어야 매순간 살 수 있다. 시간이 가면 나도 뭔가 달라지겠지 해서는 결코 달라지지 않는다. **지두 크리슈나무르티 지음 | 정현종 옮김**

영 · 유아기 부모를 위한 교육의 비밀

몸과 마음이 건강한 아이의 교육
발도르프 음악교육과 놀이

피아니스트이자 음악심리 상담사가 제안하는 몸과 마음이 건강한 아이로 키우는 놀이. 아이의 활발한 움직임이 사고력을 키우는 원동력이 된다. 발도르프 음악교육적 관점에서 저자가 직접 상담을 통해 경험한 사례를 같이 수록하여 아이들의 심리를 좇을 수 있어 부모 뿐 아니라 어린이집 또는 초등 저학년 선생님들에게 매우 실제적인 도움을 준다. **김현경 지음.**

재능과 가능성에 대한 열린 교육
12감각을 깨워야 내 아이가 행복하다

과학에서는 보통 다섯이나 여섯, 일곱 가지의 감각만을 구별하지만, 발도르프 교육을 창안한 루돌프 슈타이너는 12감각에 대해 강조한다. 슈타이너는 모든 교육은 예술적이어야 한다는 '교육예술'을 주창하였었다. 아이를 위해 읽기 시작하나 부모를 한 단계 성장시키는 자녀 교육서가 아닌 부모 교육서라고 해도 좋을 듯하다. **김현경 지음**

평생을 좌우하는 영유아 교육
무지개 다리 너머

발도르프 교육은 인간 영혼에 대한 오랜 탐구와 아이에 대한 최선의 교육으로의 끝없는 연구 끝에 탄생했다. 현재 46개 나라에 700여 개가 넘는 발도르프 학교가 존재한다는 사실이 보여주듯이 전세계로 퍼져나가고 있는 중이다. 또한 10여 년 전부터 우리 아이들의 교육에 적용시키기 위한 많은 노력이 행해지고 있다. **바바라J 외 지음 | 강도은 옮김**

아이의 발달 단계에 맞춘 음악교육
창의적인 아이로 키우는 발도르프 음악 교육

음악은 단순히 음가를 구분하고 음의 높낮이를 구별하는 능력을 기르는 분야가 아니다. 음의 움직임이 무엇을 표현하려는지 이해하고, 그것을 표현하는 것이다. 이것이 바로 '의미를 듣는 것'이며, 표면적인 듣기가 아닌 본질을 들을 수 있는 이것이 음악이 가진 놀라운 힘이다. **김현경 지음**